日本観光研究学会監修

観光学全集

第8巻

観光計画論2
事例に学ぶ

野倉 淳 編著

編集委員
溝尾 良隆
安島 博幸
下村 彰男
十代田 朗

原 書 房

刊行の辞

　日本政府は，2003 年に観光立国宣言をし，2007 年，観光基本法を 43 年ぶりに改定した観光立国推進基本法を施行した。2008 年にはわが国初の観光庁が設置された。政府がこのように本腰を入れて観光政策に取り組むのは，1930 年に観光局を設置して以来のできごとである。国の動きに連動して，日本各地の自治体においても，観光事業に積極的取り組む姿勢をみせている。

　このような国の観光政策に対する大きな方向転換には，観光が国や地域経済に与える効果が大きいということが認識されてきたからであるが，観光は，人間が生きて成長していくために，そして世界平和に寄与するためにも，その役割がおおきいことも理解してほしい。

　こうした国及び自治体の動きに呼応して，大学においても観光学部・学科の設置が盛んである。4 年制大学で，1987 年以前にはわずか 2 校を数えるのみであった観光学科が，1987 年に施行された総合保養地域整備法の影響と今日の積極的な政府の観光政策から，全国各地に観光学科が新設され，2009 年にはその数も 40 校に迫りつつある。

　大学の数が増えれば当然，観光学の専任教員も学生も増加するわけで，その関連から観光関連の専門書籍も数多く出版されるようになったのは望ましい状況である。

　しかし，このように観光分野が急成長を遂げつつある一方で，観光学の学問体系は存在するのかといった声も聞かれる。たしかに，新しい学問だけに観光の専門分野別にみても集大成された専門書は少ないし，まして体系化をにらんでの全集は刊行されていないのも事実である。

　そこで，いまや 700 名を超える私たち日本観光研究学会が，そうした批判の声に応えるために，観光学全集を刊行する責務があるだろうと，学会の事業と

して取り組むことになった。

　早い速度で観光現象が変化するだけに，観光学がなかなか理論化できない面もあるが，いつまでたってもそれは同じことで，とにかく出版をし，他の観光関連学会や行政，民間など多くの方々からご意見をいただくことにした。各分野の方々からのご意見を参考に，修正をしながら，10年くらいのスパンで全集を完成させていきたいという気持を持っている。

　その意味からも，歴史のある他学問と比較すると，まだ観光学はひよこ程度にしかみえないかもしれないが，とにかく大きな目標に向かってスタートを切った。観光学を一人前に育てるためにも，多くの方々からご意見，ご指導を賜りたいというのが，全集を刊行した私たちの率直な気持ちである。

　最後に，本学会のこうした企画にご理解を示し，全集の出版をお引き受けいただいた原書房成瀬雅人社長並びに編集の労をとられた中村剛さん，矢野実里さんに，心から感謝の意を表したい。

2009 年 11 月

日本観光研究学会，観光学全集編集委員一同

はじめに

　本巻は，観光学全集第7巻の『観光計画論1―理論と実践』に続く事例編である。第7巻の取りまとめに当たって参考資料とした事例の一部であり，併読により観光計画についての理解を深めることを目的として編集したものである。

　観光計画を扱った事例集は過去にいくつもみられるが，それらは方策の紹介が中心であったことから，本事例編では観光計画そのものを理解するという観点を重視して編集を行った。各事例とも，計画の策定，方策，実施，評価等を共通項目として整理されており，観光計画のプロセスに対応した理解が深まるものと考える。さらに，計画策定に直接参加した各事例の執筆者が自らの経験を踏まえて解説を加えており，計画書に記載された表面的な事柄だけでは伝わらない観光計画の実際が理解されるものと期待する。

　なお，各事例は，概ね次の6項目に沿って編集されており，読者の関心の高い項目を中心に事例を読んで頂くことも可能かと考える。ただし，個々の事例の特徴によって記述の重点が異なり，見出しのタイトル名は同じではないことをご了承頂きたい。

1. 観光計画の概要：観光地の概要，観光計画の特徴　等
2. 観光計画の策定：策定体制，策定経緯，プランナーの役割　等
3. 観光計画の内容：計画の構成，基本方針，個別方策　等
4. 観光計画の実施：実施体制，実現した事業　等
5. 観光計画の評価：実施結果の成果，関係者の意識　等
6. 総括：事例のポイント，参考にすべき事項，課題　等

　ここで，本文中に記載された策定体制等の関係機関の名称は当時のものであり，

現在のものとは異なる場合がある。

　本巻は，第7巻と同様に，「観光計画研究会」（研究会構成は後掲）での議論をもとに編集方針を設定するとともに，主要メンバーが執筆を担当した。この「観光計画研究会」は，日本観光研究学会の「研究分科会」として2012年度から2014年度まで研究活動を展開した。同研究会の活動を進めていく上で，公益財団法人日本交通公社から多大なご協力を賜った。末筆ながらこの場を借りて厚く御礼申しあげる。

2019年3月

観光計画研究会代表　羽田耕治

編著者代表　野倉　淳

目　次

刊行の辞

はじめに

序　掲載事例の狙いと特徴 ……………………………………… 野倉淳　1

第1章　市町村レベルの観光計画の事例

1. 岩手県田野畑村 ………………………………………… 大隅一志　5
2. 福島県下郷町 …………………………………………… 梅川智也　19
3. 群馬県みなかみ町 ……………………………………… 南賢二　33
4. 長野県飯山市 …………………………………………… 熊谷圭介　45
5. 三重県鳥羽市 ……………………………………… 梅川智也・西川亮　64
6. 島根県松江市 …………………………………………… 古賀学　78
7. 大分県由布市 ………………………………………… 後藤健太郎　90

第2章　地区レベルの観光計画の事例

1. 北海道釧路市阿寒湖温泉（旧阿寒町） ………………… 梅川智也　103
2. 福島県北塩原村檜原地区（裏磐梯地区） ……………… 海津ゆりえ　116
3. 福島県いわき市小名浜地区 …………………………… 熊谷圭介　134
4. 栃木県日光市中宮祠地区 ……………………………… 野倉淳　148

第3章　広域レベルの観光計画の事例

1. 県の計画―青森県 …………………………………… 羽田耕治　165
2. 海外事例―中国・海南島 …………………………… 小久保恵三　177

索引　189

執筆者一覧（執筆順）

野倉淳（株式会社野倉計画事務所代表取締役，横浜商科大学兼任講師）＊

大隅一志（公益財団法人日本交通公社・旅の図書館）

梅川智也（立教大学観光学部特任教授，公益財団法人日本交通公社上席客員研究員）

南賢二（元高崎経済大学地域政策学部観光政策学科教授）

熊谷圭介（長野大学環境ツーリズム学部教授）

西川亮（立教大学観光学部助教）

古賀学（松蔭大学観光メディア文化学部観光文化学科教授）

後藤健太郎（公益財団法人日本交通公社観光地域研究部主任研究員）

海津ゆりえ（文教大学国際学部国際観光学科教授）

羽田耕治（株式会社まちなみ顧問）

小久保恵三（元流通科学大学人間社会学部観光学科教授）

＊：執筆者代表

編集委員一覧

溝尾良隆（立教大学名誉教授）

安島博幸（跡見女子大学観光コミュニティ学部教授）

下村彰男（東京大学大学院農学生命科学研究科教授）

十代田朗（東京工業大学環境・社会理工学院建築学系准教授）

観光計画研究会メンバー一覧（順不同，所属は 2014 年度のもの）
羽田耕治（横浜商科大学）＊
原重一（原重一観光研究所）
梅川智也（財団法人日本交通公社）
小久保恵三（流通科学大学）
古賀学（松蔭大学）
熊谷圭介（長野大学）
野倉淳（株式会社野倉計画事務所）
中根裕（株式会社 JTB 総合研究所）
廻洋子（淑徳大学）
羽生冬佳（立教大学）

＊：研究会代表

事務局：財団法人日本交通公社

注： 日本観光研究学会の研究分科会として，
2012～2014 年度の 3 か年にわたって活動した。

序　掲載事例の狙いと特徴

1．掲載事例の狙い

本事例編には，13 事例を掲載した。

7 事例は市町村の行政区域全体を対象とした中・長期の観光計画であり（市町村レベルの計画），市町村行政が中心となって市町村全域の観光振興に係わる総合的な計画を策定し推進している事例である。これらの中には，長期にわたって複数の観光計画を策定している市町村も含まれる。

他の 6 事例のうち 4 事例は，市町村内の特定の地区を対象とした観光計画であり（地区レベルの計画），策定と推進の中心が市町村行政ではなく，また，特定のテーマをもった観光計画の事例となっている。残る 2 事例は，市町村より広域の県および海外の事例が 1 事例ずつで（広域レベルの計画），県および省の行政が策定した観光計画の事例である。これら複数のタイプの事例によって，多様な観光地の実態に即して策定される観光計画についての理解が深まるものと考える。

一方，事例に取り上げた計画が策定された年代は 1983 年から 2015 年までと，少し古い時期のものも含まれるが，これは，計画の実現化とその評価までを盛り込んだ事例を加えたためである。従来の事例集に多くみられる「計画内容の紹介」に留まるのではなく，計画された施策がどのように実現し，どのような成果が得られたかまでを含めた事例により，観光計画の有効性あるいは課題などについても理解が深まるものと考える。

2．掲載事例の特徴

13 事例の特徴は表 P-1 のように示され，自治体における観光計画の位置づけ，策定の体制や方法，計画の内容，実現化への取り組み方など，多様な特徴を持つ観光計画の事例となっている。これら事例の特徴について，複数の事例に共通する 4 つの観点から取りまとめた。

表P-1 事例の特徴のまとめ

区分	地域名・計画名	事例の特徴
1 市町村レベル	1-1 岩手県田野畑村 田野畑村観光振興計画 (計画期間：2003〜2007年度) (次期計画は2010〜2019年度)	・当時の村長の強い思いを受けた特別な位置づけの計画である。 ・現在も事業が継続している「体験型観光」への取り組みの出発点となった。 ・明確な目標像を示し、村の観光振興に大きな役割を果たした。 ・村と外部関係者(プランナーなど)が協働で様々な事業を実施。
	1-2 福島県下郷町 下郷町観光振興基本計画 (計画期間：1995〜2004年度)	・法定計画ではないため法的に担保されない観光振興計画の実効性を担保するため、観光振興計画を国土利用計画法に基づく市町村計画と(当時の)地方自治法に基づく総合計画に位置づけることを目的として、3つの計画を同時に策定した珍しくかつ戦略的な取り組みである。
	1-3 群馬県みなかみ町 みなかみ町観光振興計画 (計画期間：2013〜2017年度)	・長く低迷が続く温泉観光地をこれからの自由時間活動ニーズに適応できる山岳高原型の温泉リゾート地へと転換させていくための「再生型計画」であり、新たな整備方針を示している(構想計画レベル)。
	1-4 長野県飯山市 飯山市観光振興基本計画 信州菜の花地域ウェルカムプラン (計画期間：基本計画は1984年度から概ね10年間、ウェルカムプランは2006〜2015年度)	・「観光振興基本計画」は、伝統的な観光計画手法(専門家による調査・分析、計画案作成等)に基づき施設整備を中心に策定された。 ・「ウェルカムプラン」は、約10年後の北陸新幹線飯山駅開業を見据え、ハード・ソフトの両面から重点的なプロジェクトを選定し、また、多くの意見交換や実証実験を行う等により計画を練り上げ、実現性の高い計画として策定された。
	1-5 三重県鳥羽市 鳥羽市観光基本計画 (第1次・第2次) (計画期間：第1次2009〜2015年度、第2次2016〜25年度)	・観光基本計画をもとに3年ごとに「アクションプログラム」を策定し、PDCAを確実に実行して「観光地経営」を実践している。 ・市は入湯税の7割を基金化し、観光基本計画に位置付けられた事業に計画的に投入することで、計画の実現性を担保している。 ・関連計画として「漁業と観光の連携促進計画」を策定し、戦略的に第一次産業との連携を進めている。
	1-6 島根県松江市 松江市観光振興プログラム(2007) (計画期間：2007〜2017年度)	・合併と松江開府400年等を期に、新市一体となって取り組むべき観光振興の基本方向と施策を示す計画として策定された。 ・前計画の推進状況の検証とともに、新たな課題に対する実証実験等を行うなど、市担当者及び外部プランナー等がそれぞれの役割を踏まえて計画が策定された。
	1-7 大分県由布市 由布市観光基本計画 (計画期間：2011〜2020年度)	・合併市全域を一律に扱うのではなく、市内各地域が培ってきた各々のブランド力を賢く利用して地域間で戦略的互恵関係を構築するという方向性を前面に打ち出した。 ・事前確定的な計画ではなく、その時々の状況に応じて主体的に最適な策を講じる「マネジメント型プラン」とした。
2 地区レベル	2-1 北海道釧路市阿寒湖温泉 (旧阿寒町) 阿寒湖温泉活性化基本計画 (第一期、第二期、第三期) (計画期間：2002〜2010年度)	・阿寒湖温泉の将来ビジョンを住民参加型により策定し、温泉地における「まちづくり」の必要性の考え方を定着させた。 ・行政による計画ではなく、あくまで民間レベルで10年後にはこうありたいという目標と戦略をまとめ上げたもので、温泉地で独自に観光計画を策定した事例である。
	2-2 福島県北塩原村檜原地区 磐梯朝日国立公園裏磐梯地区エコツーリズム推進基本計画 (計画期間：2006年度から継続)	・環境省により全国13地区で実施されたエコツーリズム推進モデル事業の一つとして裏磐梯地区において策定された計画である。 ・自治体主導ではなく、観光・自然保護・地域づくり・学識者等の多様な立場の関係者が計画策定に参画している。 ・計画の理念と方向性は現在も引き継がれている。

区分	地域名・計画名	事例の特徴
2 地区レベル	2-3 福島県いわき市小名浜地区 福島県小名浜港：1・2号ふ頭観光計画／小名浜ビューポート推進計画／1・2号ふ頭地区観光拠点整備基本計画(計画期間：1997～2000年度)	・物流・生産機能に特化して一般市民が近寄り難かった港湾の再開発にあたり、商業機能や文化機能の導入により観光拠点の形成を目指した計画である。 ・港湾という特殊な空間における観光計画であり、また景観面からのアプローチを重視した計画事例である。
	2-4 栃木県日光市中宮祠地区 奥日光中宮祠地区活性化基本計画 (計画期間：1990年度から概ね10年間)	・県と市が共同の策定主体となり、国立公園の集団施設地区を再生することを目的に策定し推進した計画である。 ・地区の基盤施設の再整備を中心とした計画の主要部分は実現化し、別途実施された観光客及び住民に対する調査(地元大学が実施)により滞留時間の増加等の効果が立証された事例である。
3 広域レベル	3-1 県の計画－青森県 青森県文化観光基本計画 (計画期間：1999～2008年度)	・当時の県知事からの諮問を受けて青森県観光審議会が答申し、県計画として位置づけられた計画である。 ・「文化観光(立県)」という概念を県知事が主導的に提唱し、その具体化を示した計画である。
	3-2 海外－中国・海南島 中華人民共和国海南島総合開発計画 (計画期間：1986～2005年度)	・日本から中国への経済技術協力により策定された計画で、対象地域の面積は九州に匹敵し、日本では「地方レベルの計画」に相当する。 ・当時の経済技術協力では「観光」という文言は忌避されることが多かったが、この計画では1つの章が設けられ、「観光開発計画」が正面から取り上げられた。

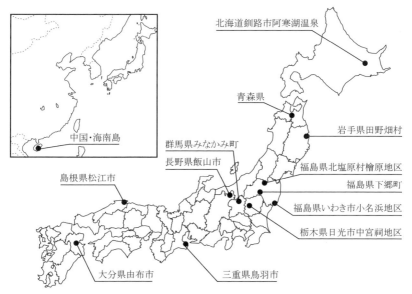

図P-1 事例の位置

① 観光振興の新たな方向性を打ち出す

　田野畑村の「体験型観光」，みなかみ町の「温泉リゾート地」，青森県の「文化観光」などは，観光振興の新たな方向性として具体的なテーマを打ち出している。また，いわき市小名浜地区と日光市中宮祠地区では，地区の再生を基本的な課題とし，新しい地区のあり方を示す具体的な計画を策定し実現にまで至っている。このほか，松江市と由布市は合併による新たな市域を対象としており，合併後の広域的な観光振興の観点から個別旧市町の観光振興をまとめ直すという意味で新たな方向性を示している。

② 実現性の担保を重視する

　下郷町の観光計画は法定計画（国土計画と市町村総合計画）に位置付けて策定することで実効性を担保し，鳥羽市では基金の計画的投入により観光計画の実現性を担保している。また，飯山市や松江市で実証実験を盛り込んでいることや，鳥羽市はアクションプログラムの策定をとおし，由布市はマネジメント型プランという形によることなども，観光計画の実現性を重視したものである。

③ 住民や関係者の計画策定への参画

　釧路市阿寒湖温泉と北塩原村檜原地区の観光計画は，行政ではなく，住民や関係者による特別な組織により策定されている。外部からの専門家に支援を受けながらも，住民らが主体的に策定に参画し，さらに，自分たちの計画として実現化に取り組んでいる。他の事例でも住民参加は重視されているが，策定段階では行政が設定する議論の場に住民や関係者が参加し，実施段階では行政との協働とする場合が多く，基本は行政主導である。

④ 同一プランナーが継続的に関わり計画が進展し具現化している

　田野畑村，飯山市，鳥羽市，阿寒湖温泉などの事例は，一つの観光計画ではなく，2次計画や実施段階の計画あるいは関連計画などが含まれており，継続的に計画を策定した事例である。この計画策定には外部からのプランナーが継続して関わっており，中でも田野畑村では実現化の段階までプランナーが深く関わっている。他の事例も含めて同一プランナーが継続して関わった事例では，数年以上に及ぶ時間の流れの中で観光計画が進展し具体化している。

第1章　市町村レベルの観光計画の事例

1. 岩手県田野畑村
田野畑村観光振興計画—「体験村・たのはた」推進プラン—

〔種　　別〕基本計画（ビジョン，構想を含む）

〔対象地〕岩手県田野畑

〔主　　体〕田野畑村（担当部局：田野畑村水産観光課）

〔策定期間〕2001年度から2002年度

〔計画期間〕2003年度から2007年度（次期計画は2010年度から2019年度）

〔特　　徴〕当時の首長の「観光で村の活性化を図りたい」という強い思いを受けたもので，行政内での特別な位置づけのもとに策定された村の観光振興計画である。本計画策定後現在までの「体験型観光」への継続的な取り組みの出発点となり，村と外部関係者（プランナーなど）が協働で様々な事業を実施していく上で，ぶれない目標像を示すものとして大きな役割を果たした計画である。

1.1　観光計画の概要

　田野畑村は，岩手県の三陸北部沿岸に位置する人口4,000人にも満たない小村である。観光は，漁業，畜産と並ぶ村の基幹産業で，それを支えてきたのは，北山崎や鵜の巣断崖といった陸中海岸国立公園（現三陸復興国立公園）を代表する景勝地（海岸景観）の存在（写真1-1(1)）で，1980年代後半〜1990年代前半の村の観光入込客数は年間約100万人にも上っていた。しかし，当時の村には，村の基幹産業として観光が認識されてはいたものの，観光の推進を通して村のどのような課題を解決していくのか，またどのような観光を展開していくのか，村として観光

に取り組む明確な方向性や具体的な戦略を持ち合わせてはいなかった。一方で、村では1975(昭和50)年から、田野畑村体験学習受入団体連絡協議会を設け体験修学旅行の受け入れに力を入れてきたが、その後、他地域での同様の取り組みの増加や担い手の高齢化等から、1990年代後半には実績も大幅に減少し、その後の方向性が見通せない行き詰まりの状況にあった。

写真1-1(1)　三陸海岸を代表する景勝地「北山崎」
出典：田野畑村提供。

　本計画は、このような状況のなか、当時の首長の「観光で村の活性化を図りたい」という強い思いを受け、行政内での特別な位置づけのもとに、村の観光振興の方向性及び戦略(施策)を計画として取りまとめたものである。副題にもあるように、計画策定作業のスタート時より、北山崎に依存した通過型の観光から、村全体への波及効果の高い「体験型・滞在型」の観光へシフトしていこうという方向性が強く打ち出されていた。

　村においては、本計画の策定以降、それをもとにした様々なアクションを実行し、ハード、ソフト両面での整備が進められていくにしたがって、着実な成果を見せてきている。それらは、すべてが当初の計画に完全に合致したものではないものの、大きな方向性はぶれることなく現在まで引き継がれており、村が体験型観光を軸とした観光による村の振興に取り組んでいくうえで、本計画がマスタープランとしての役割を果たしたといえる。

1.2　観光計画の策定

(1) 計画策定の方法

　本計画の策定主体は田野畑村で、計画策定作業は、村の観光担当窓口である水産観光課(当時)と、村からの委託を受けた調査研究機関である財団法人日本

交通公社（現公益財団法人日本交通公社）が共同で行った。なお，計画策定にあたっては，基礎調査時の各種団体・組織へのヒアリングをはじめ，計画策定の各段階で観光関係者の意向等を吸い上げるかたちで進め，特に村民代表や外部有識者等を集めた委員会は設置していない。

　観光計画の策定は単年度でもある程度可能ではあるものの，地域の観光ポテンシャルや観光利用の実態等の分析を通した課題把握など計画の前提条件の整理に十分な時間を要するため，本計画では基礎調査を含め2年をかけた。

（2）計画策定におけるプランナーの役割

　田野畑村の観光振興計画策定において，実質的な策定主体となったプランナー（（財）日本交通公社）の果たした役割としては，計画実施段階への関与も含めると主に以下の点があげられる。

① 観光の重要性や計画策定の意義について関係者の理解を誘導する役割

　観光計画策定のプロセスを通して，行政担当者や観光関係者，そして村民に対し，村の活性化の中で果たす観光の役割・重要性や観光計画を策定することの意義を伝えていくことは，計画策定と同等にプランナーにとって大きな役割であった。

② 村の観光ポテンシャルについて客観的な評価や潜在資源を発掘する役割

　村内の人には，村が有する資源の観光魅力が他地域に比べてどの程度のレベルのものなのか客観的に評価することが難しい。観光プランナーには，全国各地の観光資源との比較や旅行者のニーズ等から，村の観光資源のポテンシャルを客観的に評価することが求められる。田野畑村では，調査を通じた番屋群の価値の掘り起こしが，その後の村の体験型観光の他地域との差別化や特徴的なコンセプトの構築につながった。

③ 計画目標の実現に向けて観光事業を効果的に推進していくプロデューサー，コーディネーターとしての役割

　地域には，観光関係者だけでなく，観光に直接関わっていない人の中にも観光やまちづくりの担い手になりうる埋もれた人材がいる。また観光に理解のある人がいる一方で，観光に批判的な人も少なからず存在している。プランナーには，状況の把握を通して地域が観光を推進していく上での本質的な課題を捉え，望ましい観

光の方向性や戦略，シナリオを描くとともに，様々な人材を巻き込みながら，地域の主体的な取り組みを誘導していくことが求められる。計画の初期段階においては，地域のステークホルダーの見極めやキーパーソンの発掘が重要であるが，地域に適切な人材が見つからない場合は，外部人材の参画も含めて，地域が目指す観光に取り組むための効果的な体制づくりを誘導することもプランナーの役割となった。

1.3　計画の内容

（1）計画の構成

2 カ年にわたる調査計画の内容を表1-1(1) に示す。初年度は主に基礎調査から計画の方向性の検討を行い，2 年度目は初年度の基礎調査結果の整理を含めて本計画の策定を行った。

（2）基礎調査（初年度）の内容

初年度は，村の観光振興計画を策定するために必要な諸条件の把握・整理を行った。基礎調査の内容は，大きく①地域の実態把握，②各団体等のヒアリングによる現状分析と把握，③体験型観光の受入体制創造（自然学習公園）に関わる現状分析，の 3 つについてである。

①の観光資源・施設の現状評価では，漁師の番屋である「机浜番屋群」（写真1-1(2)）の観光資源としての魅力と活用の可能性に言及している。調査当時，机浜の番屋群は，村が実施したお宝探しの中で一部の人にその価値への気づきが見られたものの，役場をはじめ多くの住民にはその魅力や価値が十分認識されておらず，むしろ「国立公園にふさわしくない存在」と考える人もいた。そのような中で，本調査で番屋群が高い評価を受けたことは，その後の番屋群の詳細調査や番屋マップの作成，水産庁「未来に残したい漁業漁村の歴史文化財産百選」の選定（2006年）による観光対象化，さらに『番屋エコツーリズム』の展開へとつながる第一歩となった。

現状分析・課題の整理は，調査予算や時間的な制約等から，望ましいすべての調査を行うことは難しい。田野畑村においても，望ましい調査がすべて実施できた

第1章　市町村レベルの観光計画の事例　9

表1-1(1)　観光計画目次

【基礎調査（初年度：2001（平成13）年度）】
1. 地域の実態把握
2. 各団体等のヒアリングによる現状把握
3. 体験型観光の受入体勢創造（自然学習公園）に関わる現状分析
4. 課題と方向性

【田野畑村観光振興計画（2年度目：2002（平成14）年度）】
1. 基本コンセプトの設定—「体験村・たのはた」
2. 田野畑村を取り巻く観光の現状と課題
　(1) 体験観光の市場性
　(2) 東北・三陸海岸の観光の現状・課題
　(3) 田野畑村の観光課題（体験型観光への取り組み課題）
3. 体験メニューの素材発掘
　(1) 田野畑村ならではの体験素材
　(2) 田野畑村ならではの魅力の紹介・保全・活用
　(3) 体験メニューの提供可能な時期
　(4) 田野畑村ならではの魅力あるプログラムづくり
4. 体験型旅行商品の開発
　(1) 旅行商品開発の基本フレーム
　(2) 狙うべき客層
　(3) 狙うべき市場
　(4) 体験型旅行商品の開発
5. 観光資源・施設の活用方策
　(1) 観光拠点地区等の区分と位置づけ
　(2) 観光拠点地区の整備・活用方策
6. 宿泊施設の魅力アップ
7. 受入組織・体勢づくり
　(1) コアスタッフの確保
　(2) 受入窓口（情報提供センター）の開設
　(3) 支援者・支援組織の確保
　(4) 案内人、"村の達人"の育成
　(5) 体験村センター（事務局）運営の考え方
8. 観光情報の提供方法
9. 今後の進め方（5カ年のアクション・プラン）

わけではない。例えば，三陸を代表する景勝地・北山崎への立寄り観光客の実態—観光客の「発地」，「属性」，「滞在時間」，「他の訪問地や宿泊地」，「消費単価」等—を把握することは重要であったが，基礎調査段階では実施できていない。この調査は，3年後に村が導入した「地域提案型雇用創造事業」の中で補完され，

北山崎立寄り客の実態として滞在時間が極めて短く村内での宿泊率も低いこと，村内他地区の利用もほとんどないこと等の実態が明らかになり，北山崎への立寄り・通過型の観光から，体験型・滞在型観光へ転換することの意義を村民に理解してもらう上で重要な裏付けとなった。

写真1-1(2) 資源調査から価値が見い出された「机浜番屋群」
出典：筆者撮影(2002)。

(3) 観光振興計画の内容

ここでは，主要な計画事項について紹介する。

1) 基本コンセプトの構築

基本コンセプトは，田野畑村の魅力（強み）や課題，観光市場の動向（市場のニーズ）等を踏まえながら，「村としてどのような観光を目指し，それによって何を実現するのか」という村の観光振興の狙いや方向性をわかりやすく示すもので，関係者が取り組みにあたって共有すべき理念である。

田野畑村では，「体験型観光」を基軸とした観光振興を村全体として推進していくという基本的な考え方から，コンセプトを『体験村・たのはた』とした。これは村と調査研究機関（(財)日本交通公社）と共同で設定した（図1-1(1)）。このコンセプトは，その後，『番屋エコツーリズム』というより独自性のある明快なコンセプトへと昇華され，現在まで引き継がれている。

2) 主な施策（計画提案内容）

・田野畑村らしい体験メニュー・体験型旅行商品の開発（提案）

前年度の基礎調査に基づき，田野畑村ならではの体験素材や体験メニューについて整理するとともに，望ましい体験プログラムを作成した。漁師のサッパ船による北山崎断崖鑑賞ツアー（現「サッパ船アドベンチャーズ」）や「漁師番屋ガイド」は，計画策定時まだ試行段階にあったが，計画としてオーソライズされ，その後，受け入れ体制が整えられ，田野畑村の代表的体験プログラムとして定着していった。

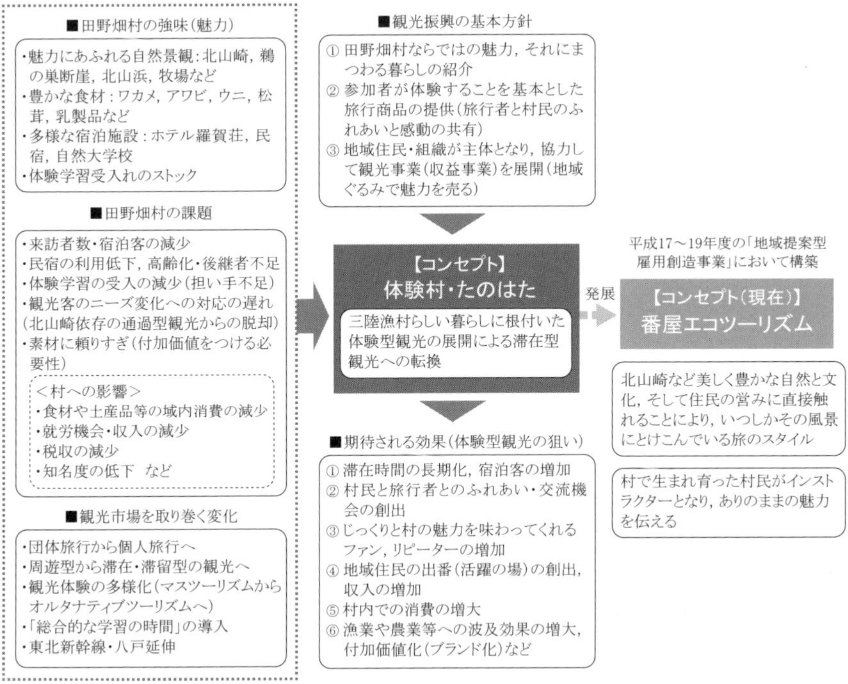

第1章　市町村レベルの観光計画の事例　11

■田野畑村の強味（魅力）
・魅力にあふれる自然景観：北山崎, 鵜の巣断崖, 北山浜, 牧場など
・豊かな食材：ワカメ, アワビ, ウニ, 松茸, 乳製品など
・多様な宿泊施設：ホテル羅賀荘, 民宿, 自然大学校
・体験学習受入れのストック

■田野畑村の課題
・来訪者数・宿泊客の減少
・民宿の利用低下, 高齢化・後継者不足
・体験学習の受入の減少（担い手不足）
・観光客のニーズ変化への対応の遅れ（北山崎依存の通過型観光からの脱却）
・素材に頼りすぎ（付加価値をつける必要性）
　〈村への影響〉
　・食材や土産品等の域内消費の減少
　・就労機会・収入の減少
　・税収の減少
　・知名度の低下　など

■観光市場を取り巻く変化
・団体旅行から個人旅行へ
・周遊型から滞在・滞留型の観光へ
・観光体験の多様化（マスツーリズムからオルタナティブツーリズムへ）
・「総合的な学習の時間」の導入
・東北新幹線・八戸延伸

■観光振興の基本方針
① 田野畑村ならではの魅力, それにまつわる暮らしの紹介
② 参加者が体験することを基本とした旅行商品の提供（旅行者と村民のふれあいと感動の共有）
③ 地域住民・組織が主体となり, 協力して観光事業（収益事業）を展開（地域ぐるみで魅力を売る）

【コンセプト】体験村・たのはた
三陸漁村らしい暮らしに根付いた体験型観光の展開による滞在型観光への転換

発展 →

平成17～19年度の「地域提案型雇用創造事業」において構築

【コンセプト（現在）】番屋エコツーリズム
北山崎など美しく豊かな自然と文化, そして住民の営みに直接触れることにより, いつしかその風景にとけこんでいる旅のスタイル

村で生まれ育った村民がインストラクターとなり, ありのままの魅力を伝える

■期待される効果（体験型観光の狙い）
① 滞在時間の長期化, 宿泊客の増加
② 村民と旅行者とのふれあい・交流機会の創出
③ じっくりと村の魅力を味わってくれるファン, リピーターの増加
④ 地域住民の出番（活躍の場）の創出, 収入の増加
⑤ 村内での消費の増大
⑥ 漁業や農業等への波及効果の増大, 付加価値化（ブランド化）など

図1-1(1)　コンセプト「体験村・たのはた」設定の狙い
出典：筆者作成。

　また, 体験型プログラムを旅行者に実際に利用してもらうためには, 狙うべき客層や市場に合わせた「体験型旅行商品」としての開発と売り込みが不可欠になる。本計画では, これらをふまえた旅行商品のモデルプランの提案も行っている。

・観光資源・施設の活用方策（地区別観光活用方向の提案）

　村内の観光資源や施設・宿泊施設等の現状・ポテンシャルをふまえ, 観光拠点地区等の位置づけと活用の方向性について提案を行った。

　体験観光の活動・立ち寄り地区については, 体験観光拠点地区, 同補完地区に区分している。前者には北山崎, 自然学習公園, 弁天レスト, 島の越漁港, 鵜の巣断崖, また後者には北山漁港, 机漁港, 明戸地区を設定している。

　このうち, 代表的な立ち寄り地である北山崎園地は, 本計画策定の翌年から整

備計画（モデルプラン）が策定され，具体的な整備が進められた。机漁港は，当初，補完地区としての位置づけであったが，その後，その価値が広く認識されたことを受けて，北山崎園地とともに整備計画（モデルプラン）を策定し，後の『番屋エコツーリズム』の主舞台となっていった。

• 宿泊施設の魅力アップ

　村の宿泊施設の課題としては，体験学習等に対応した宿泊施設（「田野畑自然大学校」）の将来のあり方に加え，村の中核的宿泊施設「ホテル羅賀荘」（第三セクターによる運営）の経営改善や，高齢化・後継者不足に悩む民宿の利用促進といった課題への対応方策を提案している。

• 受入組織・体制づくりの提案

　体験型観光などのいわゆる着地型観光の推進には，その地域ならではの魅力をもったプログラムの開発と同時に，内部的には体験の担い手との調整を行い，一方対外的には，プログラムを安定的に提供していく責任窓口となるコーディネート組織の存在が不可欠である。この点に関し，従来の体験学習の受入協議会は任意団体であり組織としても脆弱であったことから，体験プログラムの開発，情報発信，体験の担い手（ガイド）の手配等を行う総合的なコーディネート機能をもった組織・体制のあり方や，組織運営のための財源確保，運営の中核となるコーディネーター人材確保等の方法について提案している。

　これらの提案は，その後，体験学習協議会のNPO法人化（「体験村・たのはたネットワーク」の設立）によって具体化された。

• 今後の進め方の提案（アクションプログラムの作成）

　計画を着実に具体化していくため，5年間のアクションプログラムとして，各年の目標を設定するとともに，『体験村・たのはた』の実現に関わる主体別の行動目標や拠点地区の整備メニュー等を整理した。

　また，特に今後の体験型観光を推進していく上で重要なポイントとして，コーディネート組織の確立，コーディネーターの確保，代表的体験プログラムの開発（ガイドの育成を含む），主要な観光利用拠点の整備の4つの取り組みをあげ，体験型観光による誘客数を目標値として設定した。

1.4 観光計画の実施

(1) 計画実施の体制 (推進体制)

田野畑村観光振興計画策定後の「体験村・たのはた」実現にあたっては，村水産観光課 (当時) が計画の進行管理及び事業推進の主体となった。

村がまず取り組んだことは，計画に示された事務局体制の強化及び効果的な事業導入検討 (立案，予算確保，事業実施) であった。2004 (平成 16) 年度には，田野畑村体験学習協議会を発展させるかたちで「NPO 法人体験村・たのはたネットワーク」を設立し組織強化を図るとともに，中心となるコーディネーター人材を村外から確保した。以降，体験型観光の商品 (プログラム) 開発や情報発信，旅行会社との関係づくり (プロモーション)，受け入れのためのコーディネート等は NPO 法人が担った。これにより，村 (事業の立案・支援)，第三セクター・陸中たのはた (拠点宿泊施設や遊覧船等観光事業)，NPO 法人体験村・たのはたネットワーク (体験型観光のプログラム開発・コーディネート・プロモーション) の 3 者による役割分担と連携による村の観光の推進体制が整えられた。

(2) 村の観光振興に向けた各種事業への継続的な取り組み

観光振興計画策定後，村では計画の具体化に向けた様々な事業を継続的に実施した。これら各種事業においては，村が計画の進行管理の役割を担ったが，プランナーとして計画策定に携わった財団法人日本交通公社は，観光振興計画策定後約 10 年にわたりこれらの事業に関わりながら，計画実施のプロセスにおいてアドバイザー的な役割を担った (図1-1(2))。

これらの取り組みの中で，特に『体験村・たのはた』の実現に大きな役割を果たした事業としては以下の 2 つが挙げられる。

ハード面では，振興計画策定の翌年から着手された「自然公園利用拠点モデルプラン」の策定 (平成 15〜16 年度) で，観光拠点地区として位置づけた北山崎園地，机浜地区 (番屋群周辺) 等が計画に基づいて整備され，体験型観光の舞台が整えられていった。

また，ソフト面では，2005 (平成 17) 〜2007 (平成 19) 年度の 3 カ年にかけて

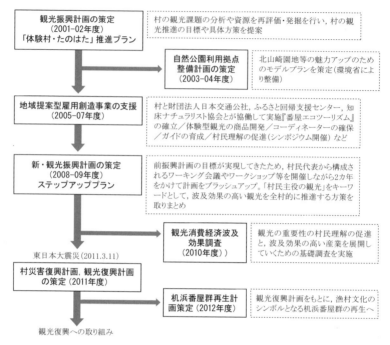

図1-1(2) 観光振興計画策定後の村の観光への取り組み経緯
出典：筆者作成。

実施した「地域提案型雇用創造事業」が，とりわけ『体験村・たのはた』の実現に大きく寄与した。この事業は，地域での雇用創造を目的として地域の独自性のある事業の実施が可能な厚生労働省のパッケージ事業で，村が主体となり，以下の3者との協働で取り組まれた。

① 財団法人日本交通公社：事業全体のコーディネート，コーディネート組織づくりの支援，住民理解の促進（体験型観光を周知するための村民へのシンポジウムの開催など）
② ふるさと回帰支援センター：外部からのコーディネーター人材の確保
③ 知床ナチュラリスト協会：体験型観光の商品化（コンセプト「番屋エコツーリズム」の構築と体験プログラムの開発），ガイドの育成（研修），ビジターセンターの魅力づくり・情報発信

現在，村の体験型観光のコンセプトとして定着した『番屋エコツーリズム』は，田野畑村ならではの海の暮らし風景を特徴づける番屋をシンボルにしてこの事業の中から生み出されたもので，田野畑村らしい観光のイメージを村内外にわかりやすく発信することにつながった（写真1-1(3)）。

これらの取り組みを通して，村の目指す体験型観光は，振興計画の策定以降の数年間で着実な成果が見えてきたことから，村では，次のステップとして，新・観光振興計画（ステップアッププラン）の策定，経済波及効果調査など，より村全体で波及効果の高い観光を展開していくための計画策定や調査へと踏み出した。

写真1-1(3) 村の観光ポスター
注：「番屋エコツーリズム」の構築により，北山崎に番屋やサッパ船が加わった。
出典：田野畑村提供。

これらの取り組みは，2011（平成23）年の東日本大震災によって大きなダメージを受けたが，『番屋エコツーリズム』を基本とした村の観光推進の方向性はその後も変わることがなく，番屋群の再生や震災に学ぶ観光，ジオツーリズムなど，新たな魅力要素を加えながら観光復興への取り組みを進めている。

1.5 観光計画の評価

観光振興計画では，計画を実現していく上でのポイントとなる取り組みと目標値をアクションプランとして整理している（前述）。このうち，ポイントとなる4つの取り組みについては，前項で紹介したように，計画策定後の数年間で，コーディネート組織の確立，コーディネーターの確保，代表的体験プログラムの開発（ガイドの

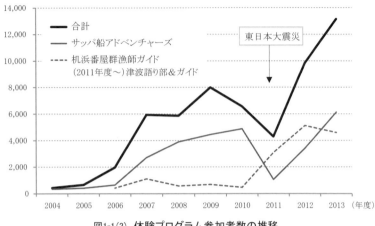

図1-1(3) 体験プログラム参加者数の推移
出典：田野畑村提供資料をもとに筆者作成。

育成を含む），主要な観光利用拠点の整備等が進められほぼ実現された。

　また目標値では，体験プログラムの総参加者数は，5年後の2007（平成19）年度に5,939人となり，計画策定時の目標値（4,600人）を上回り，震災前年度（2010年度）には6,560人と着実な成果を得た（図1-1(3)）。

　一方で，以下のような課題も残された。

① **漁協との連携強化**：現時点ではまだ体験型観光への理解のある漁師の体験プログラムへの個別協力にとどまっており，組織的な連携にはいたっていない。体験だけでなく，漁業の6次産業化という面からもさらに連携の余地が残されている。

② **民宿との連携**：民宿の高齢化・後継者不足の現状をふまえた経営者への負担の少ない連携のあり方が問われている。

③ **内陸部資源の活用**：まだ沿岸部の観光利用が中心で，内陸部の畜産や歴史文化等村全体の資源を活用した展開が必要である。

④ **経済波及効果の向上**：村への波及効果の高い観光推進には，一次産品や土産品等の域内調達率や旅行者の消費単価の向上，観光と連携した地場産品のブラ

ンド化等が必要である。

⑤ **観光に対する村民理解の誘導**：①～④の結果として，村の振興における観光の重要性への理解と協力をさらに誘導していく必要がある。

こうした課題への対応は，新・観光振興計画（平成21年度策定），さらに東日本震災後の観光復興計画（平成23年度）へと引き継がれている。

1.6　総括

計画策定以降の取り組みの経緯を振り返りながら，観光計画の意義や計画目標実現にあたってのポイントを整理する。

（1）わかりやすいコンセプト・目標像の重要性

観光は，様々な産業をはじめ多分野と深く関わるため，地域が策定する観光計画の内容はえてして「総花的」になりがちである。観光のもつ特性上，それはやむを得ない側面はあるが，「何のために観光に取り組むのか」，「（観光への取り組みを通して）何を実現するのか」といった地域が目指す観光のイメージやその意義は，できるだけ具体的かつ分かりやすく関係者が共有できるものであることが求められる。加えて「その地ならでは」の観光体験を提供していくためには，地域の何を伝えたいのか，何を知ってもらいたいのかという地域に対する「光の当て方（光らせ方）」が肝要である。

（2）ハードとソフト両輪による計画の策定と推進

観光は舞台（空間・環境）と役者（観光の担い手・住民），観客（観光者）の関係の中で成立する。

魅力ある観光の展開には，近年の観光で重点に置かれがちなソフト面だけでなく，いかに魅力的な舞台（観光体験の場となる施設や環境）のあり方をきちんと計画に描いていくかも重要である。これは，必ずしも新たな施設整備を意味するものではなく，地域のどのような空間や風景を大切にし，それらをどう観光者に魅力的な体験の場として活用していくかということである。

（3）ぶれない取り組みの方向性と柔軟な取り組みの継続

　村の観光振興計画は一部かたちを変えながらもその後の数年間で目標は概ね達成された。とはいえ計画に掲げた5カ年のアクションプランは，必ずしも完全なかたちで実行されたわけではない。にもかかわらず目標の多くが達成できた背景には，村が同計画の方向性を失うことなく，PDCAサイクルの中で時代の変化に対応しながら効果的な事業に取り組んでいったことが挙げられる。

（4）関係者の協働（「観光計画」に必要な人の計画）

　観光は多様な分野と関わるため，地域振興の手段としての観光の実現には，多様な関係者の協働による取り組みが不可欠である。田野畑村の場合，村内だけでは解決できない課題に対し，村（役場），プランナー（財団法人日本交通公社），村内のキーパーソン，外部支援組織等が協働して取り組むことができたことが大きい。人の計画も「観光計画」の重要な要素といえる。

参考文献・資料：

財団法人日本交通公社（2009）：『平成20年度観光実践講座講義録—地域主体の観光
　　～新しい時代の価値観を地域から発信する～』.
田野畑村（2003）：「田野畑村観光振興計画『体験村・たのはた』推進プラン」.
田野畑村・財団法人日本交通公社（2002）：「田野畑村観光振興計画基礎調査」.

2. 福島県下郷町
下郷町観光振興基本計画―「つどいのふるさと・下郷を目指して」

〔種　　別〕基本計画

〔対 象 地〕福島県下郷町

〔主　　体〕下郷町

〔策定期間〕1993 年度から 1994 年度

〔計画期間〕1995 年度から 2004 年度

〔特　　徴〕平成 5・6 年度の 2 カ年にわたり，福島県南会津郡下郷町の総合計画，国土利用計画・市町村計画，観光振興計画の 3 つの計画が同時に策定された。当時，既にバブルは崩壊していたが，町内で計画されているリゾート開発，つまり観光振興計画を国土利用計画法に基づく市町村計画と地方自治法に基づく総合計画に位置づけることを目的として 3 つの計画が同時に策定されるという珍しく，かつ戦略的な取り組みであった。逆に言えば，法律によって担保されない観光振興計画をどう実効性あるものとしていくかという一つの挑戦でもあった。

2.1　観光計画の概要

（1）下郷町を取り巻く環境

　下郷町は，会津地方の拠点都市・会津若松市と南会津の中心・田島町の中間に位置する典型的な中山間地域である。かつての基幹産業である農業の将来に展望が見出せず，人口の減少と高齢化が同時に進行する過疎地域である。

　1986（昭和 61）年には国鉄田島線の第三セクター化による新生会津鉄道の誕生と野岩鉄道・会津鬼怒川線により首都圏と鉄道で直結されることとなった。また中通りと結ぶ東北自動車道とのアクセス道路・国道 289 号は，現在でこそ，甲子トンネルが開通して首都圏とのアクセスが向上し，下郷町が奥会津の玄関口となってい

るが，当時はようやく甲子峠のトンネル化が国の直轄事業になった頃であった。

総合保養地域整備法に基づく福島県の基本構想「会津フレッシュリゾート構想」が，1988（昭和63）年全国に先駆けて三重県，宮崎県と並んで国の承認を得た。この構想には9つの重点整備地区が設定されている

写真1-2(1) 会津鉄道の湯野上温泉駅（下郷町）
注：我が国で唯一の茅葺き駅舎。
出典：筆者撮影(1995)。

が，その1つ「大内・中山地区」は下郷町に位置する。スキー場，ゴルフ場などを主体とするリゾート開発計画であり，事業主体として民間企業と町による第三セクターが設立された。町としてもはじめての経験であり，活発化の起爆剤として町民の期待は高まった。しかしながらバブル崩壊とともに，民間事業者が撤退し，事業主体の再検討を余儀なくされることとなった。

こうしたリゾート計画だけでなく，下郷町には江戸時代の宿場がそのまま保存され，国の重要伝統的建造物群保存地区に選定された「大内宿」や家庭的な雰囲気をもつ「湯野上温泉」，大川渓谷の景勝地「塔のへつり」など地域資源，交流素材が豊富に存在している。これまでこうした資源が必ずしも充分に活用されてきたとは言えず，これらを含む潜在的な資源をいかにまちづくりに生かしていくかが町の観光振興の課題であった。

(2) 観光計画の位置づけ

本計画の特徴は，地方自治法に基づく「第三次下郷町振興計画」と国土利用計画法に基づく「国土利用計画・下郷町計画」，さらには「下郷町観光振興基本計画」3つの計画で構成されていることにある。それぞれ1995（平成7）年度を初年度とし，2004（平成16）年度を目標とする10カ年の長期計画である（図1-2(1)）。

計画体系としては，振興計画がまちづくりの最上位計画に位置づけられ，国土利用計画は土地利用部門の，観光振興基本計画は観光部門の個別計画と位置づけら

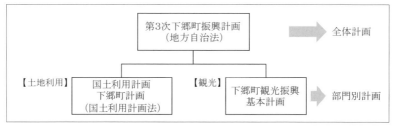

図1-2(1) 計画の構成
出典：機関誌『観光文化』111号（1995）。

れる。しかしながら実態としては，まちづくりの主要なプロジェクトは，観光やレクリエーション，リゾート，あるいは都市との交流などいわば幅広い交流事業が主体となる。したがってまずは観光計画において主要なプロジェクトが構築され，それを振興計画でまちづくり全体の中で位置づけ，さらには交流事業で利用する空間を国土利用計画で担保するという構図である。

2.2 観光計画の策定

(1) 策定の体制

　3つの計画の策定は，図1-2(2)に示すような体制で実施された。

　諮問機関としては町条例に基づく「下郷町振興計画審議会」があり，本審議会の諮問によって振興計画の策定が開始されることとなる。その諮問に応えるため，役場内に町要綱に基づき各課の課長で構成する「策定委員会」が策定主体として設置されるが，具体的な検討は課長補佐クラスから構成される「振興計画策定班」が行う仕組みとなっている。ただ，庁内メンバーだけでは，どうしても視野が狭くなり，より幅広い知見を集約する必要から外部有識者で構成する「振興計画検討委員会」を設置したことに特徴がある。この検討委員会のメンバーは，策定業務の委託を受けた財団法人日本交通公社（以下，交通公社）のネットワークを活用して選定され，委員長には東京工業大学の故渡辺貴介教授が選任された。

　その中で，振興計画策定班の中に，部門別計画である観光振興計画を専門に扱

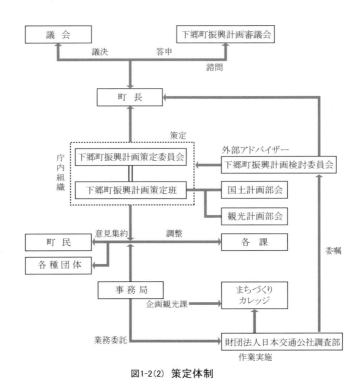

図1-2(2) 策定体制

う「観光計画部会」と国土利用計画の下郷町計画を専門に扱う「国土計画部会」が設けられ，具体的な検討が進められた。

　正式な会議名とメンバーは以下の通りである。
　〈1〉下郷町振興計画検討委員会—受託者が委嘱した学識経験者
　　　（東京工業大学故渡辺貴介教授以下9名）
　〈2〉下郷町振興計画審議会—町条例に基づく審議会（町議会議長以下18名）
　〈3〉下郷町振興計画策定委員会—町要項に基づく策定委員会
　　　（助役以下各課長18名）
　〈4〉下郷町振興計画策定班—町要項に基づく策定班
　　　（企画観光課長以下各課補佐，係長36名）

〈5〉同　国土計画部会

　　（企画観光課長以下各課補佐，係長 18 名）

〈6〉同　観光計画部会

　　（企画観光課長以下各課補佐，係長 16 名）

（2）策定の経緯

　2 カ年にわたる策定期間中，報告書の作成だけでなく，策定のプロセスを重視するため以下のような各種業務を通じて計画づくりを行った。観光計画単独では難しい面もあるが，今回のように総合計画と一体的に策定するメリットとして整理しておく。

1）現状の把握

　過疎に悩む町の将来を検討するためには，まずもって町の実態を正確に把握することが重要である。そこで，最低でも月に 1 回は現地域入りし，キーパーソンに対するヒアリングと現地視察を主体にできる限り地域の現状把握に努めた。

　また，本町は 39 個所の集落から構成される分散型の農山村であるが，集落によってそれぞれ特色があることが分かってきた。そのため，農業センサスなどを活用しつつ，各集落で人口はどう変化しているか，何を中心に作物を作っているか，耕作放棄地はどの程度あるかなど現地調査を通じて詳細な「集落カルテ」を作成した。いわゆる“集落データベース”であり，これはその後の計画策定作業に大いに役だった。

2）意見の集約

　町民を巻き込みつつ計画を創り上げるボトムアップ型の策定プロセスを指向していたことから，町をあげて計画を創っているというムードを盛り上げることを目的に，18 歳以上の全町民（6,890 人）に対した町の現状と市将来に関する意識調査を実施した。いわゆる悉皆調査であり，これも策定プロセスを町内に告知するという点で効果があった。

　観光振興計画は，観光まちづくりの総合計画とも言われるように町内の関係各所と関係を有する。そのため町内の主要な観光関係団体，主要な集落の区長，役場庁内各課，役場若手職員等に対してヒアリングを実施し，現状把握だけでなく，将

来方向などについても意見を聴取した。

3）先進地の視察

　百聞は一見にしかず，先駆的な取り組みをしている地域に学ぶため，役場職員，審議会委員等と先進地視察（北海道，新潟県）を実施し，見聞を広げた。

4）「下郷町まちづくりカレッジ」の開催

　まちづくりや観光振興に関する基礎的な学習，町民への啓発を目的として，「まちづくりカレッジ」を受託者が企画運営し，観光リゾート振興に対する理解促進に努めることとなった。具体的には学識経験者等による講演会を開催し，交流と見識を深めた。

5）各種委員会等の開催

　町外の委員で構成するアドバイザー会議をはじめ，然るべき会議における議論を元に計画を策定した

　振興計画，国土計画，観光計画それぞれの整合性に配慮しつつ策定した。

2.3　観光計画の内容

（1）まちづくり全体（下郷町振興計画）のシナリオ
―「田園文化交流都市」をめざして―交流型まちづくりのシナリオ

　まずは，第3次振興計画の概要として，下郷町の交流型まちづくりのシナリオ，すなわち交流から定住へのシナリオを簡略化して示せば次のとおりである。

　美しい環境，美しい町を創ることによってひとびとが集まり交流人口が増加する。それによって産業が活性化し，雇用の増大，生活環境基盤の整備が進展する（減少する定住人口のための基盤整備施策は今後ますます大義名分がなくなるといっても過言ではない）。さらには交流事業と連携することによって農業の新たな展開が期待されることや医療・福祉，教育・文化の充実といった定住環境の向上が期待できるというシナリオである（図1-2(3)）。

　"交流"によるまちづくりの目標として，次の5つを掲げた。

　① より美しく賑やかなまち・下郷―多様な交流事業の推進〈交流促進計画〉

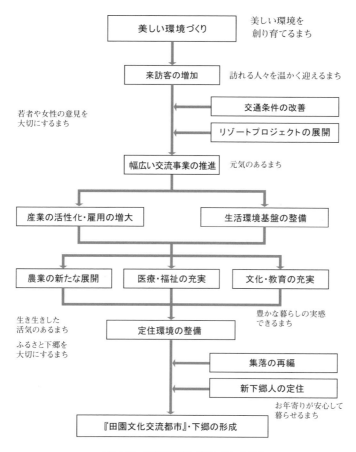

図1-2(3) 交流型まちづくりのシナリオ
出典：下郷町(1995)『第3次下郷町振興計画—田園文化交流都市をめざして』。

② より活力に満ちたまち・下郷—産業経済の活性化〈産業経済計画〉
③ より豊かで快適なまち・下郷—生活環境基盤の充実〈生活環境計画〉
④ より健康で暮らしやすいまち・下郷—健康福祉の充実〈健康福祉計画〉
⑤ より文化で的なまち・下郷—教育文化の充実〈教育文化計画〉

さらに10年後の下郷町の将来像を
・自然や生活文化などの地域資源を活用して多様な交流のできる町

・農山村の豊かな田園環境のなかで都市のような利便性の高い生活ができる町とイメージし，「田園文化交流都市・下郷」と設定した。

（2）観光計画（下郷町観光振興基本計画）の構成

　前述した『第3次下郷町振興計画』の柱となる「より美しく賑やかなまち・下郷—多様な交流事業の推進〈交流促進計画〉」をさらにブレークダウンしたのが，『下郷町観光振興基本計画』である。なお，交流促進計画は，

1. 地域景観の育成
2. 既存観光地の活性化
3. 新しいリゾートづくりの推進
4. 積極的な都市住民との交流
5. 下郷町の顔となる都市づくりの推進
6. 新しい生活インフラ・通信インフラの整備

から構成されており，この内容は，観光振興基本計画をよりコンパクトにして盛り込んだものとなっている。

　表1-2(1) に観光振興基本計画の目次構成を示したが，Ⅵ章の全体基本構想では，下郷町観光の基本テーマ（基本目標）を図1-2(4) に示すように，「つどいのふるさと・下郷」とし，目標実現の基本方向として，

● 総合的な観光・リゾート事業の推進による豊かな地域社会の実現

● 都市住民との多様な交流ネットワークの形成

● 緑豊かなふるさとライフの提供

● 広域周遊観光に対応した立寄り拠点づくり

の4点を掲げた。

　そして，7つの施策展開を提案した。

　①泊まって味わう滞在拠点づくり

　　・個性ある4つの宿泊・滞在基地の形成

　　・ふるさとバカンス村の形成

　　・アウトドア・ネットワークの整備

　②下郷の文化・産業・生活をまるごと味わえる農村リゾートづくり

表1-2(1) 下郷町観光振興基本計画の目次

■分析編
　Ⅰ章.調査の前提
　Ⅱ章.下郷町の現況
　Ⅲ章.全国の観光レクリエーションと福島県広域観光の動向
　Ⅳ章.下郷町の観光レクリエーションの現況
　Ⅴ章.課題の整理
■計画編
　Ⅵ章.全体基本構想
　Ⅶ章.地区別整備計画
　Ⅷ章.計画の推進に向けて
■資料編

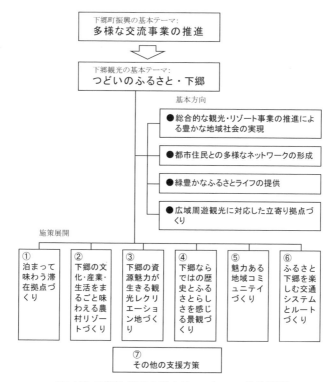

図1-2(4) 下郷町観光の基本テーマと7つの施策展開
出典:下郷町(1995)『下郷町観光振興基本計画―つどいのふるさと・下郷をめざして』。

・農家を利用したふるさと体験民宿の展開
・地域文化や産業をまるごと体験できる仕組みづくり
・ふるさとの伝統文化を活かした魅力ある味・工芸の開発と利用
③下郷の資源魅力が生きる観光レクリエーション地づくり
・資源を生かしたレクリエーション空間づくり
・既存活用資源・施設の魅力アップ整備

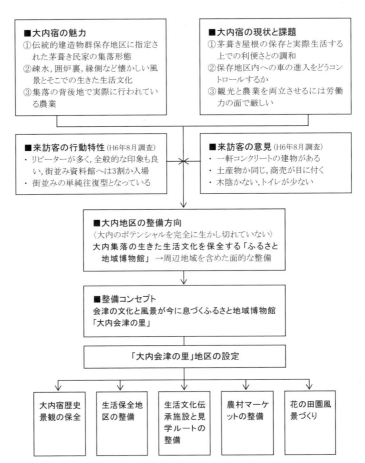

図1-2(5) 「大内・中山」地区の整備シナリオ
出典：下郷町(1995)『下郷町観光振興基本計画—つどいのふるさと・下郷をめざして』。

第1章　市町村レベルの観光計画の事例　29

　　・未活用資源の掘り起こしと活用

④下郷ならではの歴史とふるさとらしさを感じる景観づくり

　　・歴史的町並み景観の保全と活用

　　・田園・農村景観の保全

⑤魅力ある地域コミュニティづくり

　　・下郷内外の人々が集まる中心街の再整備

　　・新たなカントリー・コミュニティの形成

⑥ふるさと下郷を楽しむ交通システムとルートづくり

　　・多様なアクセスルート，手段の整備

　　・町内・地区内の交通ネットワークの体系的整備

　　・遊歩道ネットワークの整備

　　・沿道の魅力づくり・演出

⑦その他の支援方策

　　・人材の育成と全町民サービス・ホスピタリティの向上

　　・観光関連組織の体系づくり

　　・観光情報提供のシステムづくり

　さらに，Ⅶ章では，下郷町を6つのエリアに区分し，それぞれの地区の基本的な整備テーマと導入機能を整理した。また，今後の交通体系の整備や資源性などを勘案し，特に拠点となる「湯野上」，「塔のへつり」，「大内・中山」地区を重要拠点として位置づけている。

2.4　観光計画の実施

「大内・中山」地区について，その後の展開について整理しておく。

　中山地区は，もともと著名な大手企業によるスキーリゾート開発の計画があった地区である。しかしながら，バブル経済が崩壊し，大手ディベロッパーへの開発可能性の検討依頼などがあったものの，大手企業が出資した第2セクターは解散に至った。それがある程度，わかった段階での計画づくりであったため，スキーリゾー

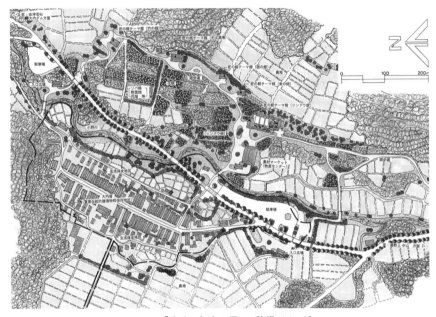

図1-2(6)「大内・会津の里」の整備イメージ
出典：下郷町（1995）『下郷町観光振興基本計画―つどいのふるさと・下郷をめざして』。

トからふるさとバカンス村へとコンセプトを転換し，行政による補助金などを当てにした計画としたものの，実現は難しかった。一方，大内地区の方は，重要伝統的建造物群保存地区に選定されており，年々観光客は増加傾向にあった。福島県の支援を得て，かつては町並みの中間の位置していた駐車場を下に降ろし，スムーズな動線で町並みへのアプローチが可能とするハード事業を導入し，実現に至っている。町並みを行って帰るピストン型の観光形態を周辺の農地を周る周遊型への転換計画を策定したものの，これについては実現には至らなかった。

2.5　観光計画の評価

振興計画，土地利用計画，観光振興計画の3つを同時に策定することによって，効率良く地域の現状と課題に迫ることができたと思われる。観光計画としては，近

年のソフト主体，文章だけの計画ではなく，ハードや環境整備も含めた空間計画を含めた計画となっており，全体としてバランスの取れた計画となっている。

しかしながら，当時の計画として，目標設定（今でいうKPI）やPDCAシステムが導入されておらず，計画監理の概念が希薄である。したがって，計画の進捗を定期的に監理することがなく，極端に言えば，策定して終わりという印象がないわけではない。

2.6　総括

（1）下郷町観光の今後の課題と展望

今回の「下郷町観光振興計画」においては，バブルの崩壊によって頓挫してしまったリゾート開発計画を，地域の歴史や文化，既存資源の活用などを通じて地道に観光・交流を展開していくという「つどいのふるさと」づくりをシナリオとして描いた。そして，こうした観光・交流を町の振興計画の柱として位置づけ，下郷町の将来像を交流型まちづくり＝田園文化交流都市として描いた。

観光振興計画で提案されたプロジェクトの具体化については，当初の想定とは異なり，それほど芳しいものではなかった。推進主体と財源が明確でない状況ではやむを得ないと言わざるを得ない。また，審議会の答申にもあるように，庁内に構想推進のための企画推進会議といった機能を設け，着実に前進していく必要があったといえる。また，政策の優先順位を明確にし，庁内各課や住民などとの連携のもとで実現していくといったプロセスも検討すべきであった。

（2）まとめ

3つの計画を同時に策定するという事例は数少ないと思われるが，そのメリットは多大である。策定主体としては，会議スケジュールの管理や策定委員の招聘などロジステック面での煩雑さは否めないが，効率よく進めることによってそれぞれの計画にいい影響を及ぼすことができる。

将来，国道289号線の開通によって，下郷町が南会津地域の玄関口となることを想定し，乱開発を未然に防ぎ，既存の観光地の受け入れ環境整備を計画的に進

めるという他地域にとっても参考となる計画策定事例と言えよう。

参考文献・資料：

財団法人日本交通公社（1995）：『観光文化』111 号.

下郷町（1995）：「第 3 次下郷町振興計画」.

下郷町（1995）：「国土利用計画・下郷町計画」.

下郷町（1995）：「下郷町観光振興基本計画」.

第1章　市町村レベルの観光計画の事例　33

3.　群馬県みなかみ町
みなかみ町観光振興計画

〔種　　別〕　基本計画
〔対 象 地〕　群馬県みなかみ町
〔主　　体〕　みなかみ町（担当部局：みなかみ町観光課）
〔策定期間〕　2013 年 1 月から 3 月
〔計画期間〕　2013 年度から 2017 年度
〔特　　徴〕　昭和 40 年代から 50 年代において，観光の主流であった団体歓楽型
　　　　　　温泉観光客に過剰適応した整備が進み，その後は長期低迷が続く
　　　　　　温泉観光地を，地域特性を活かした今後の余暇ニーズにも適応でき
　　　　　　る山岳高原型の温泉リゾート地へと転換していくための再生型計画。
　　　　　　新たな整備方針を明らかにするための基本構想レベルの検討が中心
　　　　　　となっており，基本計画レベルの検討は概念レベルにとどまる。

3.1　観光計画の概要

（1）観光の現状

1）面積と人口

　みなかみ町は，群馬県最北端の新潟県との県境にあり，本州の脊梁山脈である
谷川連峰の南西部に位置する利根川源流域の町である。2005（平成 17）年に水
上町，月夜野町，新治村の 3 町村が合併して成立し，町の総面積は 781.1km^2 と
東京 23 区の約 1.3 倍あり，県内でも最大面積を有している。合併当時の人口は
24,369 人であったが，その後 10 年を経た 2015（平成 27）年には 20,496 人と減
少の勢いは止まっていない。

　人口減少の主たる要因は，地域の主産業である観光産業の特に雇用力の大きな
宿泊業の衰退であり，人口の高齢化に伴う中山間地農業の衰退がそれに拍車をか

けている。

2）観光産業の発展

　近代におけるみなかみ町の発展の歴史は，5か所のダム開発と発電所，さらに上越線，上越新幹線，関越自動車道とそのトンネル工事に伴う，長期にわたる土木工事がもたらした好景気と，その影響を大きく受けた温泉観光振興の歴史でもあり，さらに10個所ものスキー場開発は冬季の観光需要を拡大させた。現在，みなかみ町内には大小18個所の多様な温泉群があるが，中でも旧水上町の水上温泉や旧新治村の猿ヶ京温泉は，1955（昭和30）年頃からの高度経済成長期以降の観光ブームの中で団体向け歓楽型温泉地として急速に拡大発展した。

　その間，1952（昭和27）年から1990（平成2）年まで40年近く続いた続いた藤原ダム，須田貝ダム，八木沢ダム，奈良俣ダムや水力発電所，複数のトンネル工事等の建設特需（多くの土木関係者の宿泊や宴会需要等），さらに1983（昭和58）年の上越新幹線上毛高原駅の開設，1985（昭和60）年の月夜野IC，水上ICの開設に伴う首都圏からのアクセス条件の大幅な向上が追い風となり，温泉地を中心とした観光レクリエーション産業は急速に発展した。ただし，飲み屋街や芸者置屋もない単独あるいは小規模な温泉地はこのような発展からは取り残され，従前からの湯治客や保養休養客を対象とした地道な経営が進められていた。

　水上温泉や猿ヶ京温泉では，1965（昭和40）年頃から旅館の大型化が進み，1,000人を超える宿泊収容力を持つ大型旅館も出現することによって，バブル経済崩壊直後の1994（平成6）年時点の宿泊収容力は，水上温泉が6,133人（群馬県，薬務課資料），猿ヶ京温泉は4,010人（同）と，群馬県内の草津温泉（17,000人），伊香保温泉（11,000人）に次ぐ規模を誇る温泉地へと成長し，隣接町村住民も含めて多くの人々の雇用の場となり，3町村の人口は1980年には28,123人に達していた。

3）観光産業の低迷

　しかし，旅行者の構成は1975（昭和50）年代ころから女性グループや家族旅行が徐々に増加し，男性中心の歓楽型団体旅行が次第に減少していく中で，水上温泉や猿ヶ京温泉の宿泊需要は徐々に悪化した。そして，1991（平成3）年のバブル

経済の崩壊後，宴会宿泊需要が激減し金融機関の査定強化なども進む中で，約40年間にわたって宴会志向の男性団体客に過剰適応して整備発展した旅館や飲み屋街主体の温泉地は，次第に増加する保養休養志向の新たな客層に対応した方向転換もままならないまま，凋落の勢いを止めることができなかった。

1998（平成10）年から2008（平成20）年頃にかけては，両温泉地共に大・中規模の旅館を中心とした経営破たんが続出し，地元資本主体であった多くの旅館は，経営者の入れ替わりによって外部資本中心の旅館街へと変化した。同様に観光地経営の中心的な役割を担ってきた旅館組合や観光協会の組織や人員構成も大きく変化した。

さらに冬季の重要な宿泊需要を担い，地元農家にとっても重要な季節雇用の場であった10カ所のスキー場も，スキー人口の減少が進む中で第3セクター等の経営破たんが生じて，雇用環境の悪化と経営主体の外部資本化が進んだ。

その結果，1965（昭和40）年に11,873人であった旧水上町地域の人口は，2010（平成22）年には4,851人まで減少し，旧新治村の6,461人を大きく下回る状況に至った。

4）再生の取り組みと現状

水上温泉，猿ヶ京温泉等が急速な発展後に凋落する一方で，歓楽型温泉地にはなりえなかった小規模な温泉地や単独立地の温泉旅館は，地道に自然環境や景観を保全整備し，露天風呂や受け入れ態勢の充実等を図ることにより，湯治客の誘致環境を整えてきた。そのため，昭和50年代後半頃から次第に拡大し，バブル経済崩壊頃からは主流となった癒し志向，自然志向の都市住民の支持を受け，谷川温泉，上牧温泉，法師温泉，宝川温泉などにおいては，入込客が増加して現在も堅調な経営を続けている温泉旅館は少なくなく，明暗の逆転現象が生じている。

現在，みなかみ町では，地域の固有の資源である山岳や河川，ダム湖等の野外レクリエーション環境を活かした，登山や岩登り，カヌー，ラフティング，ハンググライダー等が従来から行われていた活動に加え，海水浴に代わるよりアクティブな若者のウォーターレクリエーションともなるラフティングやキャニオニング等のウォータースポーツの振興に力を入れている。ただし，図1-3(1)にもあるように入込客数

は増加傾向にあるものの,その大半はレクリエーション志向の若者の日帰り利用であり,宿泊客数の減少には歯止めがかかっていない。さらに図1-3(2)からもわかるように,宿泊者数も伸びないために消費単価が増加せず,旅館経営や地域経済にとっては相変わらず厳しい状況が続き,安定した雇用の場の確保が進まない状態

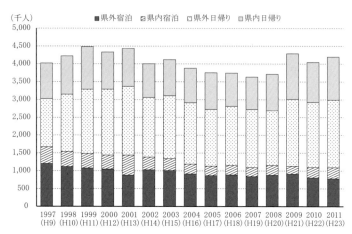

図1-3(1) みなかみ町の入込観光客数(県内・県外別,宿泊・日帰り別)
出典:群馬県観光客数・消費額調査(推計)。

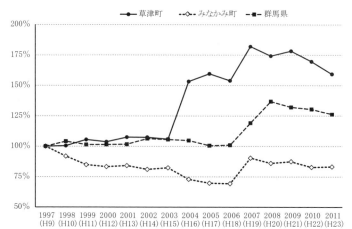

図1-3(2) 消費額の増加率の推移 1997(H9)年比
出典:群馬県観光客数・消費額調査(推計)。

で人口減少が続いている。

(2) 観光計画の概要

　みなかみ町は，2005 (平成17) 年の3町村合併を経て2008 (平成20) 年に「第1次みなかみ町総合計画」を策定した。その後，観光関連計画としては「みなかみ町水と森を育むまちづくり構想」や「みなかみ町ハピネス計画」，「谷川岳エコツーリズム推進全体計画」を相次いで策定した。これらの計画と上位計画である「群馬県新観光振興計画」，「雪国観光圏整備計画」との整合性をはかりつつ，2013 (平成25) 年に町の観光振興計画の取りまとめが行われた。

　この計画では低迷が続く温泉観光地において，町の特質である豊かな自然環境や山岳景観を活かすとともに，スキーやラフティング等の多様なアウトドアレクリエーション資源を効果的に活用して，山岳高原型の魅力ある温泉リゾート地への転換を図る方針が提案されている。

写真1-3(1)　美しい冬の谷川連峰の景観
出典：筆者撮影(2015)。

写真1-3(2)　ブナ林に覆われた利根川源流域の景観
出典：筆者撮影(2012)。

3.2　観光計画の策定

(1) 策定体制・策定方法等

　計画は，行政の意向により2013 (平成25) 年の1月から3月という極めて短期間で取りまとめられた。事前ヒアリング調査期間を除くと検討委員会による審議期

間は2か月半で3回の会議という厳しい日程であり，第1回会議は現状の説明，2回目が計画内容の説明と検討，3回目の最終委員会では計画の承認という形式となったため，計画内容の検討や合意形成に向けた議論が十分行われたとは必ずしもいえない。計画の策定委員会には，町会議員，関係各課の課長，行き詰まった旅館やスキー場などの経営を引き継ぎ，その再生を進めている経営者，伸長しているウォーターレクリエーション事業者などの幅広い人材が参加した。

　しかし，特に町外から訪れて施設の再建を進めている経営者については，町や観光の現状に関する情報の共有化や相互の意思疎通が十分図れたとは言えない状況であったため，議論不足は否めない状況であった。

（2）プランナーの役割

　計画策定期間の制約に対応して，第1回の会議前に受託コンサルタントが関係者ヒアリングや現地調査を実施し，地域の現状や地元住民，観光関係者の意向等を把握整理し，第1回会議において説明して情報の共有化を図る努力が行われている。また，委員会運営の円滑化と成果の充実に向けて，委員長（筆者）とコンサルタントの打ち合わせは，各委員会の前後に十分な時間をとって実施している。

3.3　観光計画の内容

　本計画の構成は表1-3(1)のようであり，計画の主要な内容は以下のようである。

（1）観光資源の評価

　首都圏から約130kmの位置にあり，標高約300mから2,000mの冷涼な環境を持つみなかみ町は，上越新幹線や関越自動車道といった高速交通にも恵まれており，首都圏からの日帰り圏，週末宿泊圏に立地している。町の北西地域は上信越高原国立公園内に位置し，そこには谷川連峰の山岳地帯とそのすそ野の広大な原生林地域，それを水源とする5つのダム群とそこから流下する利根川といった関東圏屈指の豊かな自然資源，景観資源があり，さらにその内部や周辺地区には18個所もの温泉群と10個所のスキー場が分布するなど，山岳高原リゾート地域を展開する上での高いポテンシャルを有している。これらの地域においては，登山やハイ

表1-3(1) みなかみ町観光振興計画(2013年)の目次

第1章 観光振興計画策定の目的
(1)計画策定の目的
(2)計画の位置づけ
(3)観光政策の動向
第2章 みなかみ町の観光の現状
(1)観光に関わる地域資源の状況
(2)入込観光客数の推移・背景
(3)観光客の利用特性と評価
(4)町内関係者の意向
(5)みなかみ町の観光の強みと弱み
第3章 観光振興の基本方針
(1)みなかみ町の観光振興の目標
(2)みなかみ町の観光振興の基本方針
第4章 施策の展開
(1)施策体系
(2)観光振興施策
第5章 推進方策
(1)推進体制
(2)施策の推進

キング等の様々な山岳レクリエーションやスカイスポーツ，利根川やその支流やダム湖を活かした多様なウォーターレクリエーションが展開されている。そのほか，古代の遺跡や城址，古民家，あるいはたくみの里や，美術館・博物館等の歴史文化資源もあり，観光客やリゾート客を誘致するための資源条件はそれなりに存在している。

　一方において，脆弱な二次交通や温泉風情に欠ける温泉街の街並み，魅力の低下した宿泊施設，3町村合併後の広大な面積の町内における情報伝達の不十分さや地域連携の弱さ，基幹産業の低迷に伴う人材の不足等の観光基盤にかかわる多くの問題も抱えているなど，観光振興における地域の特質に関する認識が明確化された。

（2）観光振興の基本方針

　今後展開すべき地域の将来像として，温泉資源と宿泊施設群，多様かつ豊かな自然環境，自然景観を活かすとともに，そのフィールドで展開されている様々なアウ

トドアレクリエーション等も魅力要素とした山岳高原型の温泉リゾートの展開が提示された。

みなかみ町では，多様な自然環境を活かしてスキー，クロスカントリースキー，カヌー，ラフティング，キャニオニング，登山，ロッククライミング，トレッキング，ハンググライダー，ゴルフ，バードウォッチング，森林浴等の多様なアウトドアレクリエーション，農の文化や伝統を基盤としたさまざまなものづくり体験や食文化体験等が展開されており，これらの多様な資源は日帰りレクリエーション客だけではなく，週末を中心に滞在するリゾート客や平日の教育旅行客のための魅力あるアクティビティとなる。また，7月頃まで残雪を望むことができる2000m級の谷川連峰の山並み景観やダム湖から眺める山並や広大な原生林の風景も，魅力あるみなかみ町固有の景観である。したがって，首都圏に多数分布する他の温泉地には無いこれらの魅力を最大限生かして，山岳高原型の温泉リゾートとしての魅力をアピールしていくことが計画の基本方針となった。

また，滞在化のための基盤条件整備として，タウンサイトとなる水上温泉，猿ヶ京温泉の温泉街の再整備を進め，滞在客が散策や買い物，飲食や休憩等で活用するための環境整備を行うことが不可欠となるため，そのための景観整備や飲食機能の一層の充実等が当面の重要課題として提案された。

（3）施策の体系

提案した施策の体系は表1-3(2)のようであり，誘致力を高めるための①観光資源整備，受け入れ条件の質を向上させ来訪者の満足を高めるための②観光基盤整備，広報宣伝と地域のブランディングにかかわる③広報宣伝施策の3項目について多岐にわたる提案が行われている。特に②の観光基盤整備については，合併前の新治村において長期的な取り組みが行われ成果を上げている「景観整備」に重点を置いた提案が行なわれ，また町の当面の誘致方針である外国人観光客の誘致についても独立した項目を設けている。

第1章　市町村レベルの観光計画の事例　41

表1-3(2)　施策の体系

基本理念	基本方針	施策	展開施策
いつ行っても健康で元気になれる　谷川連峰リゾート　みなかみ	1 観光資源の魅力を高める	1-1 新たな観光素材の掘り起し	①魅力再発見プロジェクトの推進 ②外部の視点を活かした掘り起し ③観光素材のデータベース化
		1-2 既存観光施設の魅力向上	①観光施設の魅力向上 ②歴史街道の魅力向上 ③既存道を活かした散策ルートの整備
		1-3 滞在化を促進するプログラムづくり	①ニューツーリズムの推進 ②宿泊滞在客向けのプログラムづくり ③湯めぐり及び長期滞在化の支援
		1-4 美しい眺望景観の演出	①ビューポイントの環境整備 ②景観道路の整備
	2 もてなしの受入体制を整える	2-1 食と物産の魅力向上	①地元農産物を活用した商品の開発 ②食をテーマにしたイベントの開催 ③品質保証制度の仕組みづくり
		2-2 地域商業の充実	①商業事業者の経営改善 ②空き店舗利用の促進
		2-3 快適回遊の基盤づくり	①二次交通の情報提供の強化 ②町内交通の充実 ③観光コンシェルジュ機能の強化 ④パンフレット類の充実化 ⑤サイン類の充実化
		2-4 観光人材の育成	①みなかみの観光を知る機会の提供 ②おもてなし講座の開催 ③ガイド・インストラクターの育成 ④観光コーディネーターの育成
		2-5 推進体制の強化	①新たな観光事業に対する情報提供 ②マーケティング機能の強化 ③観光プラットフォームの形成
	3 美しい郷土景観を整える	3-1 まちなみ形成活動の推進	①景観づくりの普及啓発活動の実施 ②地区ごとの景観形成活動の推進 ③景観阻害要因の解消対策の実施
		3-2 景観の魅力を高めるルールづくり	①景観法に基づく景観計画の策定 ②地区ごとの景観ガイドラインの策定
	4 みなかみ町の知名度・イメージを高める	4-1 地域イメージの発信	①テーマ・キャッチフレーズの設定 ②地域イメージを発信するツールの作成
		4-2 観光情報の受発信機能の強化	①関係機関と連携した情報発信 ②インターネットによる情報発信 ③マスメディアを活用した情報発信 ④地域情報の収集機能の強化 ⑤(仮称)みなかみファンクラブの設立
	5 海外からの観光客を迎え入れる	5-1 外国人観光客の誘致プロモーションの推進	①海外での誘致活動の推進 ②国内での招致活動の推進 ③訪日教育旅行の推進 ④外国人観光客の満足度調査の実施
		5-2 受入体制の整備	①情報提供機能の強化 ②サイン類の充実 ③外国語対応の支援

出典：みなかみ町（2013）「みなかみ町観光振興計画」。

3.4　観光計画の実施

　その後，みなかみ町では新たにスポーツタウンプロジェクトを立ち上げて，民間企業とも連携しつつラフティングやキャニオニング，スノーボードなど，若者を中心としたレクリエーション需要の拡大に力を入れており，日帰り客は年々増加する傾向にある。また，一般社団法人みなかみ町体験旅行を設立し，教育旅行等の誘致による中山間地域農家への民泊体制整備を進めており，これらの事業によって，多様な地域資源を活用した誘客は徐々に拡大している。ただし，温泉旅館の客層とはやや異なるため，その活性化にはあまり結びついていない。

　また，エコツーリズム推進協議会の設立により，山岳高原環境を活かした多様なエコツアーの展開を行うとともに，別府のオンパクにヒントを得た参加型体験イベント「COCOIRA」を，観光協会が事務局となり年間を通じて滞在客を楽しませる多様なイベントとして展開している。これらのイベント活動については，今後の滞在化のための受け皿整備にも結びつき，次第に旅館の宿泊需要の拡大へと結びつく可能性は高い。

3.5　観光計画の評価

　計画策定期間の制約から，委員であった観光関係者との議論や意思の疎通を十分に行うことができず，さらに計画内容に関する町民への周知の機会もなかったため，その後の計画の進捗状況は必ずしもはかばかしいとはいえない。一方，地元関係者の努力の結果スキー場の入り込みは徐々に回復しており，ラフティングやキャニオニング等の需要拡大を受けて，現在は山岳や森林を活用したレクリエーションメニューの充実が進みつつある。また，年間を通じた参加型体験イベントの展開によって滞在化の受け皿整備が徐々に進むなど，紆余曲折を経る形で徐々に滞在化への基盤条件は整う状況にある。

　ただし，合併前には旧新治村が進めていた景観条例の制定や景観ガイドライン，景観計画の策定に基づく地道な景観整備への取り組みは，現在はほとんど顧みら

れてはおらず，行政による景観整備への体系的な取り組みは皆無の状況の中で，質の高いリゾート環境の整備にはまだ相当の年数を要するものと考えられる。

3.6　総括

　文頭でも述べたが，本計画は戦後約40年間続いた団体歓楽型温泉観光客をターゲットとして整備が進められてきた温泉観光地を，今後の新たな顧客ニーズに合わせたリゾート地域へと転換させていくための方向性を提示する計画書である。

　その課題を提示するためには，①今後増加する余暇ニーズの把握，②誘致ターゲットの明確化，③地域の立地条件の把握分析，④観光資源性の把握分析と競合地域との差異化手法の明確化，⑤地域が抱える受け入れ滞在条件の問題点の明確化と対応方向を明らかにしつつ，それらを統合した計画コンセプトを明らかにしていくことが必要となる。

　また，観光レクリエーション地域からリゾート地域への転換の方向性は提示されたものの，地元ではリゾート整備に関する理解はまだ十分には進んではおらず，宿泊単価の安いレクリエーション関連客の誘致に比重が置かれたまま，リゾート基盤でもある温泉市街地の環境整備はあまり進んではいない。一方，一部の議員や民間観光関係者は将来のリゾート化の意義を理解しているため，今後はこのような方向に向けた町民意識の定着化を徐々に進め，温泉を活かした魅力ある山岳高原リゾート地域への転換が加速することが期待される。

参考文献・資料：

群馬県（2008）：「群馬県新観光振興計画」．
新潟県・十日町市・魚沼市・南魚沼市湯沢町・津南町・みなかみ町・栄村（2008）：
　　「雪国観光圏整備計画」．
みなかみ町（2008）：「第1次みなかみ町総合計画」．
みなかみ町（2008）：「みなかみ町水と森を育むまちづくり構想」．

みなかみ町（2011）:「谷川岳エコツーリズム推進全体構想」.
みなかみ町（2012）:「みなかみハピネス計画」.
みなかみ町（2013）:「みなかみ町観光振興計画」.

4. 長野県飯山市
飯山市観光振興基本計画—信州菜の花地域ウェルカムプラン—

〔種　　別〕基本計画（ビジョン，構想を含む）

〔対 象 地〕長野県飯山市（木島平村・野沢温泉村）

〔主　　体〕飯山市，他（担当部局：飯山市経済部観光課）

〔策定期間〕観光振興基本計画：1983 年度

　　　　　　ウェルカムプラン：2004 年度から 2005 年度

〔計画期間〕観光振興基本計画：1984 年度から

　　　　　　ウェルカムプラン：2006 年度から 2015 年度

〔特　　徴〕1984 年に策定された「飯山市観光振興基本計画」では，伝統的な
観光計画手法に基づき，施設整備中心の計画が策定された。その後
2006 年に策定された「信州菜の花地域ウェルカムプラン」では，約
10 年後の北陸新幹線飯山駅開業を見据え，ハード・ソフトの両面か
ら重点的なプロジェクトを選定し，実現性の高い計画が策定された。

4.1　観光計画の概要

　飯山市は，長野県の最北部，北信濃と呼ばれるエリアに位置する人口 2 万 1 千
人のまちである。1954〜56 年の合併により現在の市域となったが，1965 年以降の
人口データでは一貫して人口が減少する過疎地域である。日本一の大河である千曲
川（新潟県で信濃川と名称が変わる）が市内を縦貫し，その河岸から山麓・山峡
まで，米作を中心とする農耕地が広がり，農業が基幹産業のひとつとなっている。
我が国有数の豪雪地帯であるゆえに，開発が遅れ，日本のふるさとの原風景とで
もいうべき田園地帯が随所に残されている。

　飯山市の観光の歴史は，農村部の冬季の出稼ぎ対策として，市民の手によって
開発されたスキー場と民宿経営に始まる。1960 年頃から戸狩，信濃平といったス

キー場が開発され，スキー民宿が活況を呈するとともに，1972年頃から大手デベロッパー（藤田観光）により斑尾高原のスキーリゾート開発が始まり，我が国のスキーの大衆化を牽引したスキー場集積エリアとなった。最盛期（1988年頃）にはスキー客だけで，年間157万人を集客するなど，1990年頃までは，「飯山市の観光＝スキー」といった状況であったが，その後のスキー客の低迷により複数のスキー場が閉鎖に追い込まれる等，スキー観光に依存した地域経営は30年足らずで限界をみせることになる。

このような中で，飯山市ではいち早く次の時代の観光のあり方を模索し，市民をまきこんだ独特のガイドシステムや着地型旅行業の展開と絡めながら，スキー民宿がモデルチェンジしてグリーン・ツーリズムやエコツーリズムを推進することによって，観光産業の構造転換を果たしつつある。

また北陸新幹線が平成27年3月に開通し，飯山駅をゲートとして首都圏や北陸と高速交通網で直結したが，新幹線開通により通過型，日帰り型の観光地とならないように，10年以上前からまちの景観やゲートウェイを計画的に整備するとともに，観光の形態を滞在型に革新していくための取組を進めている。

ここでは，飯山市におけるスキー産業や農林業をとりまく環境の変遷，北陸新幹線という高速交通網の整備等を踏まえ，飯山市の観光振興基本計画の方向性や内容がどのように変遷してきたか，いくつかの観光計画をとりあげて比較整理して示す。なおこれらを比較してみると，その時代に応じて，観光計画で重視された手法や計画策定体制等も対照的であり，興味深い。

（1）策定された主な計画

①飯山市観光振興基本計画（1984年3月）

当時活況を呈し，さらに増加傾向であったスキー客への対応と，オフシーズンである夏季の集客対策等を課題として設定し，関田山脈鍋倉高原におけるスキーリゾート開発や，千曲川・市街地ゾーンの魅力づくり等を構想した，総合的な観光戦略である。

②グリーン・ツーリズム推進計画＝ふるさと観光推進計画（1993年頃）

地域社会ではスキー離れが徐々に明らかになり，また鍋倉高原のブナ林伐採が

問題化されていた。第3期飯山市総合基本構想・計画を踏まえて，スキー産業依存から脱却し，自然体験や農業体験等の体験学習型の観光への構造転換を目指す計画である。戸狩，信濃平，なべくら，千曲川といった里山・里地の自然や農林業エリアをエコツーリズム，グリーン・ツーリズム，アウトドア・レクリエーションのフィールドとして活かした交流型観光や教育旅行の推進に取り組む事業計画として策定された。

③旅産業・にぎわい創出計画（2003年12月）

スキー産業からの脱却し，多様な観光の受け入れを目指す象徴として「旅産業」と銘打ち，市の行政担当者が主として関わる当面の観光振興事業のアクションプランが策定された。

④信州菜の花地域ウェルカムプラン（2006年3月）

約10年後の北陸新幹線飯山駅開業を見据えた，観光振興の基本構想であるとともに，新幹線飯山駅と一体的に整備する都市交流施設整備とそれをゲートウェイとして展開する観光プログラムや歩く旅の取り組みについては基本計画レベルで策定している。

⑤新幹線駅と連動した新産業立地・観光の推進プラン（2009年3月）

新幹線飯山駅の事業推進を踏まえて策定された，回遊性のあるまちづくりや観光施策に関する計画である。

（2）市長の政策や総合計画等と観光計画との関係

上記①から②〜④への大転換は，その後国の観光カリスマにも選定された小山邦武氏が市長となった1992年頃に，スキーリゾート開発に重点をおいた観光振興をストップし，農業を活かした交流型観光や教育旅行，ふるさと原風景や自然を活かした歩く旅などスローな旅を推進する方向が打ち出されたことが背景となっている。この産業構造を転換させる革新的な取り組みは，国の事業（農林水産省や国土交通省）を取り込んだり，広域的・公益的な取り組みを早くから視野に入れつつ，実践的に行われ，着実に成果を出していった。

このような流れを明確にしたのが，飯山市の政策全体をまとめ将来を方向付ける構想「全市公園化構想」（1996年）であり，その延長上に，飯山市の環境・景観

と"ぬくもり"を大事にして観光客を歓迎し，もてなす「ウェルカムプラン」の策定が望まれることになる。そして北陸新幹線飯山駅開業を10年後に見据え，観光客の迎える態勢の総合戦略として策定されたのが④である。またこの「全市公園化構想」は，豊かな森林をまもりつつ，市街地等での緑化を進める等により，美しい景観形成をはかることを主旨としており，こうした観点から，飯山市では観光計画と景観計画が表裏一体のものとして取り組まれている。

なお前記③や⑤の計画は，行政が主体となって行うアクションプラン的な性格が強い。また②については，飯山市グリーン・ツーリズム推進協議会が組成され，その後毎年事業計画が策定されている。このため以降については，主として①と④について詳説する。①，④いずれも専業プランナー（観光計画や地域計画コンサルタント，但し①と④は別のコンサルタント）が関わっている。

4.2　飯山市観光振興基本計画（1984年3月）の策定と内容

（1）計画策定の方法（策定期間・検討項目）

本計画の策定主体は飯山市で，計画策定作業は，市の観光担当窓口である観光課と飯山市観光協会，市から委託を受けた石川洋美建築計画研究室が共同で行った。なお同計画書によると，計画策定にあたっては，地域住民との懇談等を実施したとされている。

前述したようにスキー人口の伸びを前提としながら，単体としてのスキー場ではなく，市全体で通年型のスキーリゾート地を目指す方向が示されている。また多様な観光資源を掘り起こした上で，総合的な観点から観光振興の方向性を"構想レベル"で検討したものと推察される。

（2）計画の内容

本計画の内容は，表1-4(1)に示すとおりであり，これは当時の典型的な観光計画の構成となっている。計画対象地の客観的分析にも一定の頁を割いているが，これは国や県，外部資本等による開発参加を想定したものと考えることができる。観光資源の評価，ゾーニングとそれに基づく開発拠点の設定，観光ルート計画，需

要予測等が行われている。

　最終的には，重点戦略拠点となる観光開発拠点の施設配置イメージを提示するといった，空間整備重視の計画スタイルで構成されている。

表1-4(1)　飯山市観光振興基本計画(1984年3月)の計画内容

序　調査の目的と内容
Ⅰ　飯山市の概況
　　　飯山市の位置／自然条件／社会的条件／交通条件
Ⅱ　飯山市の観光レクリエーションの現況と将来展望
　　1. 観光レクリエーション資源・施設等
　　2. 観光開発の状況
　　3. 観光レクリエーション利用の状況
　　4. 地域内のゾーニングと性格づけ
　　5. 現況の評価と今後の課題
　　6. 観光資源の発掘と再評価
Ⅲ　広域における観光レクリエーションの現状と将来展望
　　1. 観光レクリエーションの新しい視点
　　2. 長野県の観光レクリエーション状況と当地域の位置づけ
　　3. 奥信濃（北信地域）観光振興基本構想における当地域の位置づけ
　　4. 既存関連計画
Ⅳ　需要予測の検討
　　1. 将来需要の見通し
　　　　需要後背地／需要後背地人口と人口構成／需要原単位
　　2. 入込み客の見通し　　当地域の1990年入込客の目安
Ⅴ　飯山市全体の観光開発基本方向
　　1. 基本目標
　　2. 基本方針
　　3. 基本イメージ
　　4. 観光ルート
　　5. 高速交通時代への対処
　　　　北陸新幹線への対処／関越自動車道上越線への対処
Ⅵ　重点計画対象地の観光開発計画
　　1. 開発拠点地区(重点計画対象地)の設定
　　2. 開発拠点地区の範囲・開発方向・性格
　　　　関田山麓ゾーン／千曲川畔ゾーン／北竜湖ゾーン
　　3. 開発拠点地区の施設内容の計画　　上記ゾーン毎
　　4. 重点計画対象地の計画例

出典：飯山市(1984)「飯山市観光振興基本計画」。

4.3 飯山市グリーン・ツーリズム推進計画によるGT事業

　前出の①飯山市観光振興基本計画（1984年3月）を下敷きにして1988年には「関田山脈リゾート開発構想」が企画されることになるが，国有林のブナ林伐採が問題となったことやバブル経済の崩壊により，この構想は大きく軌道修正を余儀なくされた。先にも紹介した小山邦武市長の時代に，ブナ林を保全しながら観光に利用する新しい観光のあり方が模索され，グリーン・ツーリズム推進計画が策定されている。この計画に基づき，当時の農林水産省の補助事業を活用しながらエコツーリズムやグリーン・ツーリズムの拠点として，総合交流拠点「なべくら高原森の家」がオープンすることになった。ここでは，本計画の成果であるとともに，その後，計画推進の拠点ともなっている森の家の事業について紹介する。

（1）森の家の事業概要

　施設は，交流の拠点となるセンターハウスと10棟のカナディアンシダーハウスの宿泊コテージ（6人／棟）等から構成されている。森の家の存在意義は，開発の危機に瀕した鍋倉高原のブナ林を守ると同時に，陰りを見せていたスキー需要を補い，既存のスキー場にある多くの民宿のオフシーズンの新しい需要を創り出すことにある。森の家が実施する自然体験型活動によって新たな観光需要を発生させ，飯山市内の他地区のスキー場民宿への宿泊需要を創出することも目的とされた。そのため，森の家の宿泊機能は最小限であり，基本的には飲食サービスも提供していない（現在，朝食のみ提供）。

　森の家の中心的事業は，ブナ林を活用した自然体験や周辺の集落の農家と連携した田舎体験プログラムの企画・実施であり，プログラムの数は，実に300を超える。1年間毎日開催可能な自然体験プログラムを本にした『365日信州野遊び宣言』が出版されている。具体的な内容は，ブナ林トレッキング，カヌー，木工クラフト，アウトドア料理，そば打ち，星空観察，クロスカントリースキー，スノーシューで雪上歩きなど極めて多彩である。これらの多くのプログラムの企画・運営は，森の家の常勤インストラクター約7名と地域の人材活用という視点から「市民インストラクター」制度を導入し，最多期には約240名の登録者により実施されていた。な

お現在の登録は，実働のガイド，インストラクターに整理されている。また常駐スタッフは半数以上が県外出身者であり，"外者（ソトモノ）"の視点から地域で埋もれかねない歴史・文化・風習や自然景観等を発掘し，都会へ情報発信する役割を担っており，特記すべき事項であるといえる。

（2）森の家の新しい事業

　これらの体験プログラムの企画・運営の他にも，飯山市の観光や環境保全の新しいあり方を模索しつつ興味深い事業が展開されてきている。

　2001年3月には，森の家ができるきっかけともなった地域資源であるブナの森の保全・再生活動を行う「いいやまブナの森倶楽部」を立ち上げ，森の家の中に事務局をおいた。地元住民・有職者・市・県・国等の行政機関や観光関係者，そして都市住民が協働し，地域の宝の里山をどのように活用すべきかを協議し，森林内での保全活動や巨木の保護活動を行ってきた。その活動はブナの森にとどまらず山里の景観維持活動に広がり，2002年から里山再生活動，2006年より空き寺再生プロジェクトへと発展，空洞化しがちな農村に再度目を向ける取組に至っている。

　2003年には，長野・新潟両県境に日本では珍しい約80kmのロングトレイルを設置し，管理運営を行うNPO法人「信越トレイルクラブ」を設立（NPO法人認定は2004年2月）し，施設内に事務局をおいた。当トレイルは9市町村（当時）が接することから，施設周辺の農村内における活動にとどまらず，林業分野とのつながりも強化し，自治体の枠を越えた地域活性化を図るきっかけを生み出した。また信越トレイルクラブの活動は，各地に存在するボランティア団体との連携や交流を生みだした。260haに及ぶ国営農地，市を縦断する国内最長の千曲川，春遅くまである残雪などの地域資源を活用する企画であり，市だけでなく県や国の機関と横断的な連携を構築し，多岐にわたる活動を推進することで地域活性化を実現している。

　また，2006年4月には，飯山市が森林セラピー基地に認定されたことから，森と健康をキーワードとした新しい旅産業を生み出そうとしており，森の家が，森林セラピーの基地として様々なプログラムを展開している。

（3）森の家の地域への影響　限界集落への効果

　森の家の整備・運営開始によって現れた効果には，次のようなものがある。

・外部地域から柄山（からやま）集落に住むようになった若者 5 名によって，平均年齢は大きく低下した。彼らは，柄山集落の空いた家に住むようになり，家が荒れていくのが防げる。

・地区内の炭焼き名人やソバ打ち名人，ワラ草履作り名人，ウサギ追い名人などが改めて評価されて，自信が持てるようになった。祭りも 40 年ぶりに復活した。

・2005 年には全国的な大雪の影響により，家屋の倒壊，除雪時の事故等で死者が出るといった大問題になった。飯山市内でも大きな被害が出た。さらに雪深い柄山集落では，雪下ろしが不可欠な状況になったが，森の家のスタッフが雪下ろし，雪かきを応援して被害は最小限で済ませることができた。

・柄山集落には，住職がいなくなって久しい廃寺があり，荒廃の一途だったが，森の家を中心に全国からボランティアが集まり，寺を整備し，交流の場として生まれ変わった。

・森の家で手打ちそばの体験プログラム等が提供され，それに使うそばを柄山集落内の遊休農地を利用して栽培している。そばの種まき，収穫自体もイベントの一つになっている。また，飯山市内で少なくなったホタルが見られるように，ホタルが生息する環境づくりを目的に市内外から賛同者を募り「蛍の宿を守る会」を発足し，荒廃田を耕し稲作を通じて都市からのボランティアの参加者と共に交流を深めるなど活動を続けている。もちろん，田圃は無農薬栽培である。その結果，夏には蛍が乱舞するようになり，新たな地域資源ともなっている。

（4）飯山市グリーン・ツーリズム推進協議会事業計画

　森の家という拠点の定着とともに，飯山市グリーン・ツーリズム事業も拡充されてきている。現在グリーン・ツーリズム推進協議会では，毎年表1-4(2) に示すような事業計画を策定し，着実に事業を実施している。この事業計画は，グリーン・ツーリズム推進計画を基本計画とすれば，アクションプラン，または年度事業計画に当たるものである。

表1-4(2) 飯山市グリーン・ツーリズム推進事業計画の計画内容

2009年度飯山市グリーン・ツーリズム推進協議会事業計画	参考：2008年度グリーン・ツーリズム推進協議会の事業実績
1. 一年中飯山ツアーの実施・PR	9つの企画で2,526人，4,503人泊の利用実績
2. 自然体験・農業体験事業の推進 　　教育旅行誘致事業	横浜市，武蔵野市等の首都圏小中学校の自然体験教室受入実績は，学校数60校，生徒数8,497人，延宿泊数20,437泊
3. JA北信州みゆきグリーン・ツーリズム 　　事業推進	生協連合会と連携した都市農村交流・産直事業実績　1,234人，2,775泊 JA夏休み子ども村実績　122人，122泊 援農ボランティア実勢　305人，666泊
4. グリーン・ツーリズム施設活用 　　森の家事業 　　トピアホール事業 　　北竜湖の宿事業 　　山の家事業	2007年度の左記施設利用者　22,837人 　　　　　　　　　　　　　　　18,717人 　　　　　　　　　　　　　　　　5,803人 　　　　　　　　　　　　　　　15,128人
5. グリーン・ツーリズム情報発信	ホームページへの掲出（各種HPリンク） 首都圏キャラバン実績　3個所実施
6. 森林セラピー事業の推進	視察・研修，モニターツアー受入　29件，217人 主催ツアー実施　80名，103泊 セラピー客の受入　1,409人
7. ふるさと回帰事業の推進	グリーン・ツーリズム関連ホームページに掲載および首都圏誘客宣伝に併せたPR活動の実施 既存の開通区間(50km)のメンテナンス
8. 信越トレイル事業の推進	未開通部分(30km)の整備　256人参加 歩くイベント実施　379人参加 ガイド派遣　125件 参加客数　1,507人 クラブツーリズム等の旅行ツアー企画　5件 全線開通オープニングイベントの実施
9. 国際グリーン・ツーリズム事業の推進 10. グリーン・ツーリズム推進関連研究	

写真1-4(1)　飯山市のグリーン・ツーリズムの拠点，なべくら高原森の家
出典：筆者撮影(2005)。

4.4 信州菜の花地域ウェルカムプラン（2006年3月）の策定と内容

（1）計画策定の方法（策定期間・検討項目）

本計画は，国の補助事業（中部経済産業局の電源地域振興指導事業）を活用して，2004〜2005年度の2カ年にわたって策定されたものである。計画策定の地域事情や問題意識として，およそ10年後に迫っていた北陸新幹線飯山駅開業を観光振興の両刃の剣として危機感をもって捉え，すなわち首都圏等のマーケットに直結する高速交通ルートが整備される一方，通過型，日帰り型の観光地になる危険性の両面から捉えている。このため直近の駅勢圏となる木島平村，野沢温泉村を加えた3市村を計画対象エリアとして設定し，計画策定委員会メンバーには3市村の首長，議長，観光協会長等が名を連ねている。

計画素案の策定作業は，観光事業者や市民，行政担当者から構成されるワーキンググループを組成し，そこで検討，提案された課題や事業案をコンサルタント（ラック計画研究所）が整理したり，提案をブラッシュアップし，計画書として編集するという方法で行われた。

1年目には，地域条件の整理や課題の絞り込みを行うとともに，対象地域で推進していく観光の基本的な方向や事業構成等のアイデア出しを行った。この過程では，山形新幹線沿線地域における駅周辺の観光受入機能整備や観光エリア整備の事例調査等を関係者共同で実施し，情報や計画の方向性を共有化した。2年目は，1年目の検討事項をブラッシュアップさせて，基本計画案として体系づけ編集した。その中で①北陸新幹線飯山駅旅のゲートウェイ整備，②歩く旅推進計画の2つを重点事業として位置づけ，実現に向けた具体的な実施計画を立案するとともに，②についてはモニターツアーを実施し，方向性や内容を検証しながら，実際に事業を始動させることを目論んでいる。すなわち，本計画は，スキー産業依存型の産業構造から脱却し通年型，交流型の新しい観光を目指すという基本方向を確かなものにするためのマスタープランであるとともに，北陸新幹線飯山駅開業といったエポックを念頭に入れ，その「ゲートウェイ」のあり方や「歩く旅」への移行については"基本計画レベル""実証実験レベル"で検討した計画ということができる。

（2）計画内容

　対象地域で推進していく観光の基本的方向性として，文明の利器であるスピーディな新幹線で来訪する観光客が，到着地である本対象地においては，里山，ブナ林等の自然環境とふるさとの原風景が色濃く残る景観，温泉，食文化等をゆっ

表1-4(3)　信州菜の花地域ウェルカムプラン（2006年3月）の計画内容

```
1. 調査目的と調査対象地域の概要 ........................................... 1
    1-1 調査の目的と進め方 ................................................. 1
    1-2 調査対象地域と北陸新幹線延伸事業 ................................. 4
2. 本地域の観光・交流をとりまく諸条件 ................................... 5
    2-1 国民のライフスタイルおよび旅スタイルの変化と将来展望 ........ 5
    2-2 本地域の地域資源の特性 ............................................ 5
    2-3 本地域の観光の基本課題と方向づけ ............................... 6
    2-4 本地域の資源の分布特性と資源活用の基本方向 ................... 7
3. ウェルカムプランの目標〜本地域が目指す地域と旅の目標像〜 ... 8
    3-1 本地域の旅の魅力と目指す旅スタイル ............................. 8
    3-2 本地域で積極的に受け入れる旅の来訪者 ......................... 10
    3-3 本地域で目指す地域構造：エコミュージアム ..................... 10
    3-4 信州菜の花地域ウェルカムプランの全体戦略および重点事業 11
4. ウェルカムプラン事業計画 .............................................. 12
    4-1 旅の舞台と拠点の形成戦略①
        原風景ミュージアムの魅力あるコア（街なか）の形成戦略 ...... 12
    4-2 旅の舞台と拠点の形成戦略②
        原風景ミュージアムの魅力あるサテライトの形成戦略 ......... 13
    4-3 スローツーリズムを実現する旅のネットワーク戦略 ............. 15
    4-4 スローツーリズムの情報・プロモーション戦略 ................. 16
    4-5 旅人を温かくもてなす交流・ホスピタリティ戦略 ............... 17
5. 重点事業①：新幹線飯山駅広域観光ゲートウェイ整備計画...... 18
    5-1 本年度調査実施概要 ................................................ 18
    5-2 観光圏域の観光事業者等の意向................................... 18
    5-3 新幹線飯山駅広域観光ゲートウェイ整備方針 ................... 19
    5-4 旅の交流拠点整備計画 ............................................ 20
    5-5 観光2次交通システム整備計画................................... 26
    5-6 今後の具体的な進め方
        （新幹線飯山駅広域観光ゲートウェイ整備アクションプラン） ... 27
6. 重点事業②：歩く旅推進計画および今年度始動した推進事業 28
    6-1 「歩く旅」の歴史と現状 ............................................ 28
    6-2 歩く旅推進への既存の取り組み状況 ............................. 28
    6-3 歩く旅推進計画の構成 ............................................ 28
    6-4 歩く旅推進事業の始動 ............................................ 31
    6-5 今後の具体的な進め方（歩く旅推進計画アクションプラン） ... 35
7. ウェルカムプランの推進体制と実現に向けた今後の取り組み ... 36
```

出典：信州菜の花地域ウェルカムプラン策定調査報告書，2006年3月。

くりと歩いて巡り，じっくりと滞在していただくことを目標として打ち出し，その受け入れ環境や「歩く旅」推進に関わる着地型旅行の推進計画を策定している。

なお基本方針を具体的に地域に展開していく手法として，エコミュージアムの概念を取り入れ，対象地域全体を『原風景ミュージアム』と称したプロモーション計画も策定している。北陸新幹線飯山駅周辺を"コア"，環境や景観を保全し体験・学習プログラムや宿泊滞在環境を提供していくべきエリアを"サテライト"と見立てたもので，これらを2次交通や歩くルートで結びつけていくものである。

重点事業として実施計画に近い精度で検討した「北陸新幹線飯山駅旅のゲートウェイ」は，エコミュージアムのコア機能をなすことから，計画対象地域の自然，産業（農林業），歴史文化，そしてこれらをベースにした観光の情報案内の拠点であ

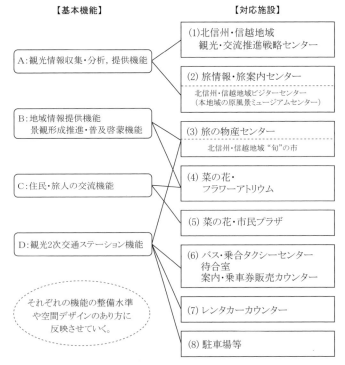

図1-4(1)　北陸新幹線飯山駅旅のゲートウェイの整備機能
出典：信州菜の花地域ウェルカムプラン策定調査報告書，2006年3月。

り，ネットワークの起点であるとともに，観光客を歓迎しおもてなしをする玄関としての整備を目指すこととした。提案の要点は，以下の通りである。

事業主体： 整備主体―飯山市が都市施設として整備
　　　　　　運営主体―駅勢圏の市町村の協力を得ながら運営
基本機能： A 観光情報収集・分析，提供機能
　　　　　　B 地域情報提供機能
　　　　　　C 旅人と住民の交流機能
　　　　　　D 2次交通ステーション機能（以上図1-4(1)）
基本構造・デザイン： 高架式駅舎の景観デザインを整える，乗降客やそれをもてなす人の動線上の利便性を向上させるといった観点から，駅舎と一体化し，内部から飯山のまちや山並みを眺望できるように外壁にガラスと取り入れたアトリウム的な施設とする（図1-4(2)）。
整備手法： 駅舎との合築方法で，鉄道・運輸機構等との共同事業として提案を行った。

こうした基本構成を明らかにし，関係者および地域住民が目標として共有するとともに，この旅のゲートウェイを整備・運営するため，北陸新幹線飯山駅開業まで

図1-4(2) 北陸新幹線飯山駅旅のゲートウェイ整備イメージ
出典：信州菜の花地域ウェルカムプラン策定調査報告書，2006年3月。

のおよそ10年間のアクションプランを策定している。どのような事業主体が概ね3年間毎のⅠ～Ⅲ期にどのような取り組みをすべきか明確にし，計画として示している。本計画に基づき，実施計画レベルでさらに検討を深め，実施に向けた地域合意へとつなげていった。なお本計画（信州菜の花地域ウェルカムプラン）の策定と並行的に，飯山市では駅周辺の土地区画整理事業や関連施設の整備に当たっての景観デザイン戦略を定めるため「飯山駅周辺地区都市空間デザイン計画」を策定していた。両計画に齟齬がないよう連携して策定されるように，市担当者，専門家，コンサルタント等が両者に関与する体制がとられた。

4.5 信州菜の花地域ウェルカムプランの実施

信州菜の花地域ウェルカムプランに位置づけられた重点事業「北陸新幹線飯山駅旅のゲートウェイ整備計画」については，その後飯山市担当者や専門家から構成されるタスクフォースチームが組成され，実現に向けた検討段階に移行する。

・ハード面〔施設整備面〕

2006年度～「広域の駅整備調査」

他の新幹線駅の観光案内所・物産販売施設の整備状況や運営体制等の事例調

写真1-4(2) 2F展望デッキを兼ねたコンコース等で構成される飯山駅観光交流センター
出典：筆者撮影(2015)。

査を踏まえつつ，飯山駅における必要機能や規模を検討

2006年度〜「基本設計」〜建設へ

　前述したタスクフォースチームで「旅のゲートウェイ施設＝アトリウムの基本設計や実施設計」を実施。最終的には，駅舎の設計・建設を担う鉄道・運輸機構やJR東日本と連携しながら，建設に至った。

・ソフト面〔施設運営，サービス提供面〕

　計画策定後，広域市町村で新幹線飯山駅の交通，情報機能を中心としたゲートウェイ機能と運営体制について検討を開始。その後2012年ころより，「信越9市町村広域観光連携会議」を発足し，圏域のブランド化，交通，情報機能の整備計画，運営体制等について実施計画レベルで検討を進めた。

　他方の重点事業「歩く旅推進計画」については，観光協会（現信州いいやま観光局），森の家等が，前述したようなそれまでの取り組みを活かしながら，ウェルカムプランの主旨を活かして，歩く旅のコース設定や旅行商品化，マップ作成等多様な施策に取り組んでいる。

・2008年度に飯山市商工会議所が「うさぎ追いし飯山日本のふるさと体感の旅づくりプロジェクト」を実施。ここで造成された着地型の旅行商品が，2009年度第1回地旅大賞を受賞

写真1-4(3)　飯山駅観光交流センターには，外国人対応も可能な観光案内機能を内包
出典：筆者撮影(2015)。

・2010 年 4 月に一般社団法人信州いいやま観光局が誕生（飯山市観光協会の名称変更）。第 2 種旅行業登録を行い，「飯山旅々。」というブランドで着地型旅行商品を販売

2015 年 3 月 14 日に北陸新幹線飯山駅が開業し，旅のゲートウェイとして計画された施設は，駅舎合築で「飯山駅観光交流センター」として実現している。

4.6 信州菜の花地域ウェルカムプランの評価

本計画（信州菜の花地域ウェルカムプラン）を省察すると，次のような評価となる。

・新幹線という文明の利器が，ふるさと原風景を魅力とする飯山市および周辺地域の観光にどのような効果と影響をもたらすか，予断ないスタンスを持ち，検討を行った点が特徴といえる。またハード（スキーリゾート開発）志向からソフト志向（飯山市の自然，景観，農業等を素材とした体験交流プログラム）へ，冬季依存（スキー依存）からグリーンシーズン化への歩みを地域関係者が確認し，強化する機会となったと考えられる。

・2 カ年かけて計画を策定したため，関係者と先進事例を調査しながら意見交換をしたり，実証実験（モニターツアー）を行う等，計画を練り上げることができた。

・併行して策定していた『北陸新幹線飯山駅周辺地区都市空間デザイン計画』についてもプランナーの一端を担い，飯山駅およびその周辺のまちづくりのあり方について，観光・景観デザインの両面から検討し，両計画を調整することができた。この結果として，『信州菜の花地域ウェルカムプラン』と『北陸新幹線飯山駅周辺地区都市空間デザイン計画』を連携してとりまとめることができ，比較的円滑な実現化につながったと思われる。

・前述したように，2 つの重点事業（「北陸新幹線飯山駅旅のゲートウェイ整備計画」と「歩く旅推進計画」）については実現化・推進化された。しかしそれ以外の項目については，その考え方は引き継いでいる部分もあるが，本計画では担

い手や手法，資金計画まで具体的に踏み込むことができず，その後事業が進展しなかったものが少なくない。とりわけ，本計画は飯山市を中心にしつつ，隣接する木島平村，野沢温泉村を含めた3市村の観光振興基本計画として策定されたが，木島平村や野沢温泉村においてはその位置づけが必ずしも明瞭ではなかった。

4.7　総括：飯山市の観光まちづくりの先進性

これまで整理してきた市の観光計画策定とそれに基づく取組の他に，飯山市では，旧来の観光協会の組織構成や業務を改編し，戦略・企画立案機能や，実際に旅行業展開をしながらプロモーションを行う"観光局"を組織化している。また飯山駅旅のゲートウェイ整備に関連して，広域連携による先進的な観光プロモーション体制を構築し，"信越自然郷"というブランドの普及に努めている。最後にこうした動向や今後の課題について紹介しておく。

（1）信州いいやま観光局の開設

これまで飯山市では，飯山市観光協会が広報宣伝を担い，（財）飯山市土地開発公社が，施設の経営・運営・所有を行っていたが，地域の観光事業の一体化を図るため，2010年に両者を統合して，一般社団法人信州いいやま観光局を設置することになった。この組織改革は，地域の観光地域づくりプラットフォームとして，法人格を持つことにより，旅行業としての認可を得て，着地型旅行商品の造成・販売や地域資源を新たな視点で発掘して自主事業を行うためのものである。その他，地域観光プラットフォームとしては，地域の様々な観光関係者が参加して活動の基盤となり，利用者からみればワンストップの窓口になることにねらいがある。信州いいやま観光局が運営する施設は，「森の家」「道の駅・千曲川」「湯滝温泉」「高橋まゆみ人形館」などがあり，概ね経営は順調である。さらに，新幹線飯山駅開業時には，飯山市を含めた周辺9市町村の広域プラットフォームへ展開していくことも，その視野の中にある。実際，県境を越えて多くの市町村にまたがる「信越トレイル」は，「森の家」に事務局が置かれ，既に広域観光プラットフォームの役割を

果たしている。

（2）信州いいやま観光局の経営する施設

「森の家」の他に，千曲川沿いの国道143号沿いにある「道の駅・千曲川」は，レストランと地域の特産品や農産物を扱っているが，広域観光プラットフォームとして他地域の観光案内や土産物などの販売も行っている。「湯滝温泉」は，いわゆる立ち寄り型温泉で，露天風呂などがある温泉施設とともに飲食の提供や特産品や農産物の販売も行っている。「高橋まゆみ人形館」は，飯山市在住の人形作家高橋まゆみ氏の創作人形を展示する美術館で，2010年に開館した。おじいちゃん，おばあちゃんが主体の日本の故郷を感じさせる人形は，以前から大変人気があったが，常設の人形館が開館して多くの人が訪れ，予想を大幅に超える入館者があった。

（3）新幹線開業に向けた広域連携

新幹線が開業すると，現在の信越本線は，第3セクターに移管され，地域の鉄道による交通体系は，新幹線飯山駅を中心としたものに大きく変化する。そのため，新しい飯山駅を駅勢圏とする長野県・新潟県にわたる飯山市・妙高市・中野市・山ノ内町・信濃町・飯綱町・木島平村・野沢温泉村・栄村が広域観光を推進していくために「信越自然郷」のエリア名の下に連携を強化している。具体的には，新幹線開業に向けて，新飯山駅に9市町村の広域観光案内所を設置したり，新飯山駅をハブとし，9市町村間を結ぶ2次交通整備・運行に取り組んでいる。

新幹線の開業は，地域にとっては，100年に一度の大きな変革であり，地域発展の大きな機会でもある。特に，飯山市にとっては，新飯山駅は，長野県・新潟県にまたがる信越地域の中心駅となる幸運に恵まれた。飯山市は，かねてより，観光地域づくりプラットフォームのモデルに選ばれるような新しい時代に相応しい観光まちづくりを進めてきた。この方針を広域においても貫くことが，次の大きな課題であろう。

参考文献・資料:

飯山市（1984）:「飯山市観光振興基本計画」.

飯山市（1997）:「全市公園化構想—人と自然の響き合うまち—」.

飯山市（1999）:「飯山市景観形成基本計画」.

飯山市（2000）:「飯山市総合都市交通体系調査報告書」.

飯山市（2004）:「飯山市総合都市交通体系調査報告書（補完調査計画）」.

飯山市（2006）:「北陸新幹線飯山駅周辺地区都市空間デザイン計画策定調査報告書」.

飯山市（2009）:「新幹線駅と連動した土地利用・新作業立地・観光の推進アクション
　　プラン」.

飯山市（2015）:「北陸新幹線飯山駅観光交流センター説明資料」.

飯山市・同グリーン・ツーリズム推進協議会（2009）:「グリーン・ツーリズム推進計
　　画」.

飯山市・ラック計画研究所（2006）:「広域観光ゲートウェイ機能検討調査報告書」.

飯山市・ラック計画研究所（2008）:「『広域の駅』顔づくり調査報告書」.

飯山商工会議所（2009）:「うさぎおいし飯山　日本のふるさと体感の旅づくりプロ
　　ジェクト報告書」.

財団法人中部産業活性化センター（2006）:「信州菜の花地域ウェルカムプラン策定調
　　査報告書」.

綜合ユニコム編集部（1999）:「地域交流事業のソフト事業戦略資料集—先進事例研究
　　『なべくら高原森の家』」.

旅産業・にぎわい創出市民会議（2003）:「飯山市旅産業・にぎわい創出計画」.

なべくら高原・森の家編（2005）:『365日信州野遊び宣言』信濃毎日新聞社.

5. 三重県鳥羽市
鳥羽市観光基本計画（第1次・第2次）

〔種　　　別〕　基本計画
〔対 象 地〕　三重県鳥羽市全域
〔主　　　体〕　鳥羽市（担当部局：鳥羽市観光課）
〔策定期間〕　第1次：2008年度　第2次：2015年度
〔計画期間〕　第1次：2009年度から2015年度　第2次：2016年度から2025年度
〔特　　　徴〕　「第2次観光基本計画」をもとにしてほぼ3年ごとに「アクションプ
　　　　　　　ログラム」を策定，PDCAを確実に実行して「観光地経営」を実践し
　　　　　　　ているのが，三重県鳥羽市である。実現性の担保が不確実な観光計
　　　　　　　画にあって，鳥羽市は入湯税の7割を基金化し，観光基本計画に位
　　　　　　　置付けられた事業に計画的に投入する実現化の仕組みを備えていると
　　　　　　　ころに特徴がある。また，「漁業と観光の連携促進計画」を策定し，
　　　　　　　戦略的に第一次産業との連携を進めている。

5.1　観光計画策定の背景

（1）鳥羽市の概況

　鳥羽市はリアス式海岸を中心とした豊かな自然美に溢れる伊勢志摩国立公園に
位置し，伊勢神宮という特A級の観光資源に隣接し，市内にはミキモト真珠島や鳥
羽水族館，海の博物館など観光施設にも恵まれた三重県を代表する観光地である。
　伊勢エビやアワビ，鯛やヒラメ，牡蠣，ノリやアオサなど海の幸，食の楽しみも
豊富にある。更に名古屋・京都・大阪という大都市圏から直通列車で2時間程度
の距離にあり，まさに資源的にも立地的にも恵まれた観光地であると言える。にも
かかわらず，近年は観光客数の減少傾向が続き，観光の現状は必ずしも芳しいもの
ではなかった。

2013 年，伊勢神宮で 1300 年以上続く 20 年に 1 回の「式年遷宮」が開催され，さらに，2016 年 5 月には第 42 回先進国首脳会議（伊勢志摩サミット）がいずれも隣接市で開催され，鳥羽市も大きな影響を受けた。

本稿では，こうした国際的なイベントを契機としつつ，着実に再生を果たしつつある鳥羽市の取り組み，具体

写真1-5(1) 鳥羽市中心部と鳥羽湾の風景
出典：鳥羽市提供。

的には 2007 年に入湯税を導入して観光振興の安定財源を確保し，2008 年には「観光基本計画」を策定。そして 2015 年には「第 2 次鳥羽市観光基本計画」とそれを実行するための「アクションプログラム」を策定。さらに基幹産業である漁業なくして鳥羽市の観光は成立せずと「漁業と観光の連携促進計画」を策定しつつ，官民一体となって取り組む鳥羽市の観光地経営の地道な取り組みを解説する。

（2）鳥羽市の地勢と歴史文化

鳥羽市は，三重県東端部の志摩半島北部に位置し，伊勢湾と太平洋・熊野灘に面しており，市域は神島・答志島・菅島・坂手島の 4 つの有人離島と半島部から構成されている。平地は海岸線沿いにのみ分布しており，市域の多くは急峻な山地となっている。また，海岸線は山地が海岸部まで迫っており，風光明媚なリアス式海岸が形成されている。

歴史的文化的に伊勢神宮との繋がりが強く，古くから鳥羽で捕れた水産物を伊勢神宮に神饌として奉納する関係が続いている。また，毎年旧暦の 6 月 1 日には鳥羽・志摩の海女たちがその年最初のアワビを採取し，ノシアワビに加工して神宮に献上する「御潜神事」が今もなお伝えられている。

（3）鳥羽観光発展の経緯

鳥羽観光の歴史を振り返ると，1900 年代から徐々に旅館が増え始め，1937 年に鳥羽保勝会が鳥羽観光協会へと名称を変更して誘客宣伝事業を実施するようになるなど戦前から観光誘客の取り組みがなされていた。

戦後は，1946年に鳥羽市全域が伊勢志摩国立公園の指定を受けた。1951年にミキモト真珠島が「自然と科学の行楽地・御木本真珠ヶ島」として開館し，真珠養殖の過程や海女作業などを公開するようになった。1955年には鳥羽水族館がオープンし，鳥羽湾巡り～真珠島～水族館という観光ルートが定着していった。

　観光地としての発展が急速に加速したのは1970年代に入ってからである。特に交通アクセスの面で，近鉄が大阪万博の開催を前に，全国から訪れる観光客を伊勢志摩へ誘致するため，鳥羽方面への鉄道整備に力を入れることとなったことが大きい。さらに1973年には観光有料道路であるパールロードと鳥羽展望台が完成し，自動車時代に対応して伊勢志摩国立公園の自然美が楽しめるようになった。観光施設としては，1971年に鳥羽駅近くに海の博物館が開館した（1994年に現在の場所に移転）。

　1970年代後半からは，旅館・ホテルの新築や増改築が活発化するとともに，民宿が大きく増加した。民宿の増加は鳥羽地区だけでなく，南鳥羽の漁村集落や離島でも進められた。

　鳥羽を代表する観光施設である鳥羽水族館は，1990年に現在の位置に新水族

図1-5(1)　鳥羽市の観光客数と宿泊者数の変遷
出典：鳥羽市観光統計。

館として移転し，わずか3ヶ月で入場者100万人を突破するなど，鳥羽観光を牽引する重要な施設としての役割を果たしてきた。しかしながら，バブル経済崩壊後はこうした大型観光施設の入り込み客数が大幅に落ち込み，鳥羽市全体の観光客数についても1994年に660万人を記録して以来減少傾向が続いていた（図1-5(1)）。こうした状況を踏まえ，民間事業者による取り組みに加え，行政は観光課を創設し，観光振興基本計画に基づいた観光振興に着手するようになった。

5.2　第1次鳥羽市観光基本計画の策定と実践

（1）計画の策定

鳥羽市では2008年に観光課が設置され，同年，市制施行後初となる『鳥羽市観光基本計画』（計画期間：2009年度〜2015年度）を策定した。

鳥羽観光の歴史を振り返ると，民間事業者の努力によって支えられてきた部分が多かったが，この取り組みは行政が鳥羽市における観光の重要性を認識し，積極的に関与する姿勢を示すものと位置づけられる。

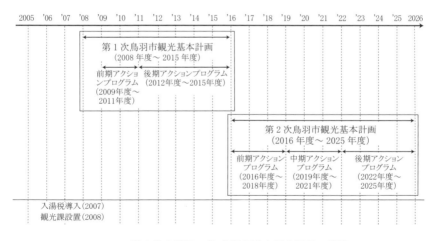

図1-5(2)　観光基本計画に基づく計画的な観光振興の推進
出典：（公財）日本交通公社作成。

本計画では,「国際観光時代をリードする"海洋文化都市"の形成」,「皆が幸せを感じる,やさしい鳥羽」,「自立自走できる地域経営の核となる観光産業の持続的発展」が目標とされ,計画の実現を忠実に担保すべく『アクションプログラム』(前期2カ年・後期5カ年)が策定され,官民一体となった観光振興が行われてきた(図1-5(2))。

(2) 入湯税の導入

鳥羽市観光計画策定の前年である2007年に鳥羽市は入湯税を導入した。同年策定した「鳥羽市観光振興基金条例」に基づいて入湯税の7割を鳥羽市観光振興基金に繰り入れ,3割を鉱泉源保護のために鳥羽市温泉振興会に還元している(図1-5(3))。この鳥羽市観光振興基金の使途は,「アクションプログラムに位置づけられた事業」に限定して活用されており,目的税である入湯税が観光振興の貴重な財源として計画的に用いられている全国でも極めてユニークな取り組みである。

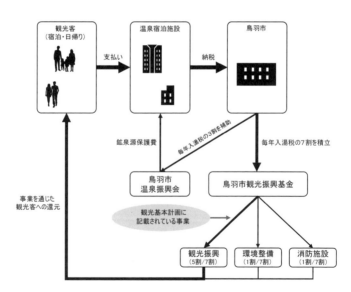

図1-5(3) 鳥羽市の入湯税基金化の仕組み
出典:(公財)日本交通公社作成。

5.3 第2次鳥羽市観光基本計画の策定と実践

(1) 計画の策定―「鳥羽うみ文化」の継承と創造を目指して

『第1次観光基本計画』期間中，観光資源の掘り起こしや観光ガイドの拡充，エコツアーや「観光産業活性化戦略（2010）」に基づく「ぐるとば」事業（地域の食を活かした住民主体の取り組み）等の着地型ツアーの拡充など一定の成果を上げることができた。しかし，前述したように2013年に伊勢神宮の式年遷宮を終え，伊勢志摩サミットは開催されるものの，鳥羽市にとっては厳しい状況が続くと推察されるなか，一方では全国的な訪日外国人観光客の増大や「2020年オリンピック・パラリンピック東京大会」の開催が決定するなど観光を巡る状況の変化も予想されている。

そこで，鳥羽市では2014年に観光基本計画の見直しと『第2次観光基本計画』（計画期間：2016年度～2025年度）の策定を立教大学，（公財）日本交通公社との連携・協働によって実施することとした。本計画の目次を表1-5(1)に示した。本計画では，産業振興や課題解決のためだけではなく，将来目指したい観光地の姿を共有し，それを実現するための計画が検討された。将来目指したい観光地の姿を定めるためには，地域の核となる「個性（鳥羽らしさ）」を明確にし，それを伸ばし

表1-5(1)　第2次鳥羽市観光基本計画の目次

本計画の利用にあたって	**第3章　第2次鳥羽市観光基本計画**
第1章　計画策定の趣旨	3-1 基本的な考え方
1-1 計画策定の背景と目的	3-2 鳥羽らしさとは
1-2 計画の期間と位置づけ	3-3 目標および目標像
1-3 計画策定の手順	3-4 数値目標
第2章　鳥羽市観光の現状と課題	3-5 施策体系
2-1 鳥羽市の概要	3-6 基本戦略と主要施策
2-2 鳥羽市と周辺の観光資源・施設	**第4章　戦略プロジェクト**
2-3 鳥羽市における観光の動向	4-1 テーマ別戦略プロジェクト
2-4 第1次観光基本計画の評価	4-2 エリア別戦略プロジェクト
2-5 観光客の客層および観光動態	**第5章　計画の実現に向けて**
2-6 鳥羽市観光の課題と展望	5-1 実現に向けた基本的な考え方
	5-2 市民および事業者との協働

ていくことが必要である。そこで，市民を中心とした3つの策定部会が設置され，伸ばすべき個性「鳥羽らしさ」とは何かについて繰り返し議論と検討がなされた。

（2）戦略プロジェクト

その結果，鳥羽らしさとは「大小様々な島々を擁し，内海と外洋が交じり合うことで創出される独特で特長ある"海そのもの"と，その海を通じて生まれた歴史や生活文化，漁業文化の総体」，すなわち「鳥羽うみ文化」であることが共有され，それを継承・創造していくことこそが鳥羽観光の目標であると掲げられた。そして，8つの基本戦略のもとで30の主要施策が定められ，重点的に取り組むべきプロジェクトが「戦略プロジェクト」として6つが位置づけられた（図1-5(4)）。

（3）「アクションプログラム」による観光基本計画の着実な遂行

鳥羽市では，計画初年度からスムーズな事業展開ができるよう第2次観光基本計画についても「アクションプログラム」を策定するため，2015年度，事業検討アドバイザー会議，及び事業検討市民会議による議論が重ねられた。

アクションプログラムでは，前述した6つの「戦略プロジェクト」（図1-5(5)）を実

目標像	国際的な滞在拠点を目指した 「鳥羽うみ文化」の継承と創造	
基本戦略	戦略1 鳥羽うみの豊かな食を提供する	戦略4 美しい景観を提供する
	戦略2 鳥羽うみの文化を伝える	戦略5 外国人観光客に魅力を伝える
	戦略3 鳥羽での滞在をより魅力的なものにする	戦略6 鳥羽を発信する
観光基盤整備 戦略	戦略7 観光基盤の充実・強化	戦略8 観光推進体制の構築
テーマ別戦略 プロジェクト	テーマプロジェクト① 鳥羽うみ文化ネットワーク構想	テーマプロジェクト② 漁業と観光の連携
	テーマプロジェクト③ 芸術を活かした観光振興	テーマプロジェクト④ インバウンド受入推進
エリア別戦略 プロジェクト	エリアプロジェクト① 中心市街地の賑わい・魅力創出	エリアプロジェクト② 新たな島旅の推進

図1-5(4)「第2次鳥羽市観光基本計画」の計画体系
出典：第2次鳥羽市観光基本計画をもとにJTBF作成。

第1章　市町村レベルの観光計画の事例　71

現するために必要な事業がリスト化されたが，計画期間を前期（3カ年）・中期（3カ年）・後期（4カ年）の3期に区分して策定されることで，各戦略プロジェクトは10年後という長期的な目標を定めつつ，各段階における取組みの評価と市場動向の変化などを踏まえながら目標や事業を修正できる枠組みが用意されるという

```
テーマ別戦略プロジェクト
  1. 鳥羽市全体における鳥羽うみ文化ネットワーク構想
  2. 漁業と観光の連携
  3. 芸術を活かした観光振興
  4. インバウンド受入推進

エリア別戦略プロジェクト
  1. 中心市街地の賑わい・魅力創出
  2. 新たな島旅の推進
```

図1-5(5)　6つの戦略プロジェクト
出典:『第2次鳥羽市観光基本計画』より。

柔軟なマネジメントシステムが内蔵されていることが特徴となっている。

(4)「アクションプログラム」の管理と評価の手法

アクションプログラムは，PDCA[1]サイクルによって実効性を高めていくが，すでに「第2次観光基本計画」が策定され，それに基づく「アクションプログラム」の場合，図1-5(6)に示すような実施サイクルで推進される。

「管理」とは，アクションプログラムに記載された事業を着実に実施しているかどうかを確認するものであり，「実施」とは，アクションプログラムに記載された事業を目的通りに実施することを指し，「評価」とは，実施した事業の成果を評価することを言う。

「管理」→「実施」→「評価」のサイクルを繰り返すことによって，アクションプ

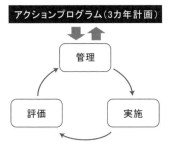

図1-5(6)　アクションプログラムの実施サイクル
出典:『第2次鳥羽市観光基本計画前期アクションプラン』より。

ログラムが着実に実行され，ひいては「第2次観光基本計画」が着実に実施されることにつながる。

5.4　全国的にも珍しい『漁業と観光の連携促進計画』の策定と実践

(1) 策定の背景

『第2次鳥羽市観光基本計画』の戦略プロジェクトの一つに位置づけられた「漁業と観光の連携プロジェクト」の第一歩として，2014年度に『鳥羽市・漁業と観光の連携促進計画』（以下，漁観連携計画）が策定された（図1-5(7)）。

農業と比較して漁業と観光との連携は全国的にみても多くない。漁師が民宿を始めるという個のレベルではなく，産業としての連携，組織としての連携を模索しようというのが鳥羽市の取り組みである。そのリーダーが（一社）鳥羽市観光協会のY会長である。同市浦村地区の牡蠣小屋での牡蠣食べ放題の成功体験などを通じて

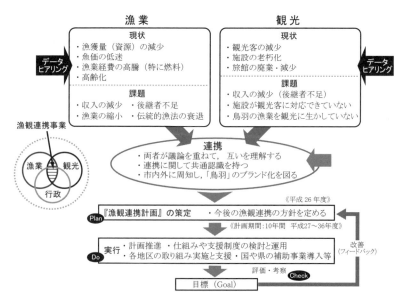

図1-5(7)　『漁業と観光の連携促進計画』の枠組み
出典：「鳥羽市における漁業と観光の連携促進計画」より。

"鳥羽観光再生の鍵は鳥羽漁業の再生にある"との強い信念から取り組みが始められた。

　この漁観連携計画がスムーズに進んだ背景には，鳥羽磯部漁業協同組合と鳥羽市観光協会だけでなく，その関係性を担保する鳥羽市役所の三者の合意・連携が整ったことが大きい。2014年12月には漁協組合長，観光協会長，市長の三者対談がキックオフ会議として実現し，その内容は鳥羽市の広報誌に掲載され，全戸に配布された。

(2) 策定のプロセス

　漁観連携計画策定のプロセスは，まずは漁業の実態を把握するため，市内13個所の漁村集落へのヒアリングからスタートさせた（図1-5(8)）。漁村毎に漁法や魚種が異なり，微妙に言葉や風習も異なるが，総じて漁協支所，漁師ともに観光に対する理解は高くなく，むしろ観光に対してはマイナスイメージを抱いていることが明らかとなった。また，鳥羽漁業の特徴は，未だに一本釣りにこだわる漁師が多数いること，本土側よりも離島側の方が漁業が盛んであること，海女文化が色濃く残っていること，アワビや伊勢エビ，鯛など高級魚が多く多品種少量であることなどが

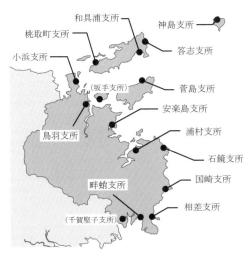

図1-5(8)　鳥羽市に点在する漁村集落（漁協支所）
出典：「鳥羽市における漁業と観光の連携促進計画」より。

明らかとなった。

　まずは漁業，漁協，漁師の実態を把握し，その再生のために観光がどう役立つかというスタンスで取り組みを進めていく必要があり，漁業者，宿泊業者，そして行政の三者が一堂に会する場の設定が何にも増して重要であり，本音で語り合うことから具体的な事業に繋がっていくことが確認された。

（3）漁観連携計画の概要

　漁観連携計画は，御食国・鳥羽の実現のために5つの基本戦略が設定された。そして戦略毎に9つの施策が整理され，30のプロジェクトが構築された。そして前期3カ年で重点的に実施すべきプロジェクトとして以下の5つが選定された。

① 情報発信強化プロジェクト～鳥羽の魚介類の情報をきちんと観光客に伝える！

② さらなる地産地消推進プロジェクト～鳥羽の魚介類を鳥羽で食べられるようにする！

③ ブランド化推進プロジェクト～鳥羽の魚介類の価値を高める！

④ 海女さんプロジェクト～鳥羽らしい特徴ある「食」の場をつくる！

①鳥羽で獲れた旬の"海の幸"のさらなる消費拡大を図ります
②鳥羽の"海の恵み"をアピールし，ブランド力を高めます
③鳥羽の海が育てた鳥羽うみ文化」を大切に継承し，未来に向けて発展させます

「漁観連携」の戦略 ～鳥羽の「漁業」と「観光」を結ぶ5つの視点～

1. 鳥羽の"海の恵み"を伝える	〈情報発信〉
2. 鳥羽の"海の幸"を食べる	〈地産地消〉
3. 鳥羽の"海"を体験する	〈鳥羽うみ体験〉
4. 「鳥羽うみ」の"文化"と"恵み"を生かし，育てる〈鳥羽うみ育成〉	
5. 鳥羽の漁業が再び元気になる	〈漁業活性〉

＊「鳥羽うみ文化」：第2次鳥羽市観光振興計画のキーワード。特徴ある鳥羽の海そのものと，その海を通じて生まれた歴史や生活文化，漁業文化などの総体のこと

図1-5(9) 『鳥羽市・漁業と観光の連携促進計画』の計画体系
出典：「鳥羽市における漁業と観光の連携促進計画」より。

⑤　一次加工場整備プロジェクト～鳥羽の魚介類を鳥羽の旅館で安定して食べられるようにする！

（4）漁観連携計画の実現に向けた取り組み

　計画に基づく各種事業の実現のため，初年度（2015年度）は，ふるさと財団（総務省管轄）の「地域再生マネージャー事業」の活用を図ることとし，まずは，複雑な水産物の流通経路の把握からはじめ，市内観光業界の地元調達率調査―地元で水揚げされた水産物を市内の宿泊施設がどの程度使っているか―を実施することから始めた。

　伊勢志摩地域として「海女文化の世界文化遺産登録」に向けた取り組みを進めているが，今回の漁観連携計画にも位置づけられた「海女さん応援基金」がスタートした。これは，趣旨に賛同する宿泊施設が宿泊料の1％を海女文化の保存・活用に生かすための基金である。また，人材不足に悩む海女の新規参入を図るため，海女の公募に取り組み，全国から4名の新人を受け入れ，現在では定住した海女も存在する。

　長期的な事業としては，海女の現金収入のもととなるアワビ増殖のための養殖技術の向上や比較的規模の大きく，料理人の人手不足に悩む宿泊施設で要望のある一次加工処理施設の整備の可能性などが検討されている。

5.5　学ぶべき実践的な観光地経営

（1）重点戦略の実施と観光財源

　3カ年毎に改訂される「アクションプログラム」であるが，前期アクションプログラムでは，6つから8つに重点戦略が増えたが，行政が主導しつつ，市民レベルの参画を仰ぎながら実現に向けて動こうとしている。

　その財源的な裏付けとなる入湯税は7割が基金化され，観光分野の独自財源として有効に活用されている。使途は第2次観光基本計画，並びにアクションプログラムに位置づけられたプロジェクトに活用されることとなっており，使途については透明性を高めて明確化するとともに情報発信も行っていることは高く評価される。

（2）推進組織・体制と計画監理の仕組み

　鳥羽市の観光振興の体制は，これまでのような観光業界だけで進められるものではなく，漁協や農協をはじめとする多様な主体によって推進されるものと考え方を大きくシフトさせており，そのためには市民の観光への理解と観光まちづくりへの参画機会を増やしている。鳥羽市におけるこれからの観光推進体制は，他産業とも連携しつつ，「鳥羽うみ文化」の継承と創造を通じて，独自の「観光地ブランド」を構築し，差別化していくことが要諦となる。

　また，アクションプログラムの管理，つまり評価と実施をどう進めていくかについては，いわゆる PDCA システム[(1)]を導入し，第三者を含めた評価委員会（アクションプログラム管理会議）を設置して着実に進めている。

（3）これからの課題

　計画の評価にあたっては，適切な KPI[(2)] の設定が必要であるが，鳥羽市における最重要評価指標は「観光消費額」と位置づけている。「観光客数」より「宿泊客数」，「宿泊客数」より「観光消費額」が重要であり，さらに「地域内循環」が大切になると考えている。そのための基準となる数値（観光の経済波及効果調査）がすでに算出されている。

　2018 年度で前期アクションプログラムが終了するが，その評価と中期アクションプログラムの策定が課題となっている。観光分野でここまで徹底した計画の管理，PDCA サイクルを実施している市町村は少なく，モデルとしても期待されている。そして，10 年後を見据えた中・長期的な展開として，これまで漁業主体の鳥羽うみであるが，少しでも観光・レクリエーション利用を促進していくこと，アートを活かしたまちづくりの推進，駅前周辺地区の景観整備と再開発などを展開することとなっており，今後の実践的な展開が期待される。

5.6　総括

　以上，鳥羽市における観光基本計画の策定とそれを実現させるためのアクションプランについて詳述してきた。計画づくりだけでなく，その実現に向けた具体的な

手段として入湯税を活用した独自予算の確保という全国的にも珍しい観光政策を進めていることに最大の特徴がある。どこでもできるということにはならないが，商工会議所とともに（一社）鳥羽市観光協会と行政が官民一体となって観光振興に取り組む体制は，全国的にも優れたモデルといえよう。

※本稿は（公財）日本交通公社が発行する機関誌『観光文化 227 号』の観光研究最前線—「実践的な「観光地経営」の取り組み—"伊勢志摩サミット"を目前にした三重県鳥羽市を例にして」（（公財）日本交通公社　西川亮，梅川智也）をもとに梅川智也が加筆修正したものである。

注：

(1)　各事業を計画（PLAN）→実施（DO）→評価（CHECK）→改善（ACTION）の流れで実行し，次の計画や事業の改善に活かす考え方
(2)　Key Performance Indicator の略。目標達成のために具体的な業務プロセスをモニタリングするために設定されるいくつかの指標（業績評価指標：performance indicators）のうち特に重要なものを指す

参考文献・資料：
鳥羽市（2008）：「鳥羽市観光基本計画」.
鳥羽市（2010）：「鳥羽市観光産業活性化戦略」.
鳥羽市（2014）：「第 2 次鳥羽市観光基本計画」.
鳥羽市（2014）：「鳥羽市における漁業と観光の連携促進計画」.
鳥羽市（2015）：「第 2 次鳥羽市観光基本計画前期アクションプログラム」.

6. 島根県松江市
松江市観光振興プログラム (2007)

〔種　　　別〕 基本計画

〔対　象　地〕 島根県松江市

〔主　　　体〕 松江市 (担当部局：松江市観光振興部観光企画課)

〔策定期間〕 2006 年 4 月から 2007 年 3 月

〔計画期間〕 2007 年度から 2017 年度

〔特　　　徴〕 松江市観光振興プログラムは，2005 (平成 17) 年 3 月の合併，2007 (平成 19) 年の松江開府 400 年等を期に，10 年後観光入込客数 1,000 万人を目指し，新市一体となって取り組むべき観光振興の基本方向と施策を示すことを目的として策定された。

本計画の特徴は，1989 (平成元) 年に策定された松江市観光基本計画に基づく推進の現状を検証調査すると共に，新たな課題に対する実証実験等を行うなど市担当者及び外部プランナー等がそれぞれの役割を踏まえて計画策定がなされたことにある。

6.1　松江市の観光振興における変容

　松江市は，山陰のほぼ中央に位置する面積 572.99km^2，人口 204,247 人の中核都市であり，広島市，岡山市から約 180km，大阪から鉄道距離で約 370km の距離にある。日本で 7 番目に大きい宍道湖や松江堀川の水辺には，600 もの橋が架かる。また，市の東側には，日本で 5 番目に大きい中海が位置する。

　松江市は，古来より出雲文化の中核市として発展し，八雲立つ風土記の丘周辺や神魂神社，八重垣神社など橋南地区に代表される古代出雲文化の発祥の地としての「神話の里松江」，松江城，武家屋敷を中心とする橋北地区など歴史的文化遺産を有した「城下町松江」，そして小泉八雲，芥川龍之介，志賀直哉など多くの文

豪達がこよなく愛した夕日の美と宍道湖八珍の味覚で知られる旅情豊かな宍道湖や松江堀川を有する「水の都松江」など，人を引きつけるに十分な魅力的な幾つかの顔を持っている。

　現在の松江の都市観光は，このような歴史と生活により培われた個性的な文化と，新しい文化創造への積極的な取り組みにより形成されているといえよう。

　1950（昭和25）年，国際特別都市建設法が公布され，1951（昭和26）年に松江国際文化観光都市建設法の指定を受ける。1987（昭和62）年に松江・出雲国際観光モデル地区に指定，1989（平成元）年松江市観光基本計画の策定，1994（平成6）年に国際会議観光都市に指定され，1996（平成8）年松江市観光基本計画の策定及び運輸省の観光地づくり推進モデル事業の実施などに基づき，着実に観光によるまちづくりが各種計画を受け進められてきた。特に，平成に入ってからのハード・ソフト両面にわたる都市観光推進のための整備にはめざましいものがあり，歴史と伝統に育まれた松江の観光は，さらに磨きのかかった観光都市松江へと変貌してきた。そしてこれらを戦後からの松江における都市観光振興の流れを見ると，大きく次の発展段階をみることができる。

1) 第1期（戦後～1974（昭和49）年）
歴史的建造物と温泉整備を中心とした都市観光の推進

　第1期は，1950（昭和25）年から1955（昭和30）年の松江城天守閣の大改修に始まり，1966（昭和41）年の明々庵の再建，1969（昭和44）年の武家屋敷の買収・復元，1973（昭和48）年の伝統美観保存条例の制定に伴う塩見縄手等伝統美観地区指定とそれに伴う整備の推進など，歴史的環境とラフカディオ・ハーンの物語を彷彿させるまちづくりが基本となった都市観光が推進された。それと並行して，1968（昭和43）年には宍道湖北区の区画整備事業により旅館団地が完成，1971（昭和46）年には同地に温泉源掘削，翌年お湯かけ地蔵が建立され，各旅館へ温泉供給が開始された。そして，松江観光のキャッチフレーズが「橋といで湯の城下町」と定められ，温泉と城下町を中心とする都市観光が推進された。折しも山陰ブームと重なり，1972（昭和47）年に2,358千人であった観光客は，1973

（昭和 48）年は 3,022 千人，1974（昭和 49）年は 3,943 千人と大幅に増加したのであった。

2）第 2 期（1975（昭和 50）年～1988（昭和 63）年）
歴史的環境の整備充実と基盤整備を中心とした都市観光の推進

　第 2 期は，1975（昭和 50）年の普門院山門・土塀の整備，1983（昭和 58）年の武家屋敷の大改修，1985（昭和 60）年の塩見縄手における電線の地中化など，伝統美観保存条例（1973（昭和 48）年制定）に基づく整備が引き続き行われていく。また，1979（昭和 54）年に出雲・東京間に航空便が就航し，翌 1980（昭和 55）年には同間をジェット便化，1984（昭和 59）年には出雲・福岡便が就航した。このような武家屋敷等歴史的環境や航空路線の充実とともに，観光案内所の設置，観光タクシーの運行（1985（昭和 60）年），松江市観光協会による堀川貸ボートの実施（1986（昭和 61）年），シルバー観光ガイド制度の発足（1987（昭和 62）年）など町歩き観光の基盤ともなる市街地観光交通の基礎となる整備等がなされた。

3）第 3 期（1989（平成元）年～2005（平成 17）年）
観光客の利便化への対応と新たな中核施設の整備を中心とした都市観光の推進

　第 3 期は，バブル崩壊の全国的な落ち込みに始まるが，松江市においては，松江市の新たな挑戦とも言うべき積極的な観光振興事業の推進が始まる。

　1994（平成 6）年には松江市都市景観条例が制定され都市全体の景観政策が進められる。1995（平成 7 年）にはぐるっと松江レイクラインが運行開催されるとともに，1997（平成 9）年には堀川遊覧船が運航され，パーク・アンド・ライドシステムが導入される。堀川遊覧船事業に関しては，2000（平成 12）年に経済波及効果の調査が実施され，遊覧船運賃約 2 億円，その他支出が 24 億円，合計で約 36 億円の観光消費額が推計されている。本推計は，日本観光協会「観光地の経

写真1-6(1)　武家屋敷
出典：筆者撮影(2012)。

済波及効果推計マニュアル」1999（平成 11）年に準拠し推計された。2000（平成 12）年旧日本銀行を改造したカラコロ工房開設。2001（平成 13）年には，松江ウォータービレッジのルイス・C・ティファニー庭園美術館とイングリッシュガーデン及び松江フォーゲルパークが相次いでオープンする。また，松江駅前に松江国際観光案内所が開設。また，1999（平成 11）年松江市観光への民間からの派遣，松江観光協会・観光プロデューサーの設置，2004（平成 16）年観光文化プロデューサーなど民間からの登用が行われる。

4）第 4 期（2004（平成 18）年〜）

平成 18 年松江ルネッサンスが始まり松江市市民憲章が制定される。松江市において多くの観光関連施設整備や武者行列，水燈路，だんだん食フェスタなどのイベントの創設などが行われ勢いにのる時期に松江市観光振興プログラムが策定された。2005（平成 17）年の松江八束 8 市町村の合併の時期でもあった。また，2009（平成 21）年 NHK 連続テレビ小説「だんだん」を期にしんじ湖温泉の観光物産館を改修し宍道湖しじみ館がオープン。さらには 2011（平成 23）年松江歴史館，2012（平成 24）年松江ホーランエンヤ伝承館がオープンする。2015（平成 27）年には松江城が国宝として登録される。

このように，松江市観光振興においては，観光拠点施設の整備，既存施設を活かしたまち歩き観光の推進，観光客の域内アクセス利便化の促進，体験型観光の推進，観光情報提供機能の充実，旅行商品化の推進，会議等の誘致，民間からの人材の登用，そして一貫した住民からの協力体制づくりなど，官民一体となった様々な事業展開による都市観光づくりが進められてきた。

6.2　松江市における観光計画の推進

松江市における観光計画策定は，この第 2 期から第 3 期への変容期に始まったといえよう。

1989（昭和 64）年の松江市制 100 周年を迎えるにあたり，観光都市としてのあるべき指針となる中・長期計画の策定を行うため，1986（昭和 61）年 8 月松江市

観光基本計画策定委員会が設置され1989 (平成元年) 年3月松江市観光基本計画 (計画期間1989年〜2008年) が策定された。

　1988 (平成63) 年3月松江市観光白書が策定・公表されるが，本白書は基本計画の策定に当たり，松江市観光に関する現状と問題点を整理することにより広く市民に問題提起し，市民の知恵を取り入れるための共通認識を作ろうという目的を持ったものであった。この白書は現在も継続的に毎年発行されているが，内容はその年の事業等の実施内容，過去の経緯などをまとめたものとなっている。しかし，本白書が当初観光計画策定の一環として策定されたものとすると，その後の白書は単なる結果報告ではなく，計画の進捗状況を確認するためのものとして位置づけられているともいえる。2012 (平成24) 年松江観光白書の「II．観光施策　1．目標指標と進行管理〜松江市観光振興プログラムから松江市総合計画後期基本計画へ〜」の本文に，「2005 (平成17) 年3月31日に1市6町1村が合併し，新しい松江市が誕生した。そこで新市が一体となって取り組んでゆくための観光振興の基本的な方向と施策を示す『観光振興プログラム』を2007 (平成19) 年3月に策定した。その後，市が目指すべき基本計画である『松江市総合計画』が2007 (平成19) 年9月に策定され，中間年の2012 (平成24) 年4月には，『松江市総合計画』の検証を行って市民の意見を反映させた後期基本計画を策定した。これにより，『観光振興プログラム』の掲げた目標や考え方は，総合計画が引き継ぎ，進行管理も行っている」としており，白書が計画管理の役割を担っていることがわかる。また，総合計画に組み込まれたことにより，観光とまちづくりの事業における一体化が見て取れよう。

6.3　観光計画の策定

（1）計画の継続及び実施主体等

　2007年 (平成19) 年策定された松江市観光振興プログラム関連の主な計画・調査は次の通りである (※印は日本観光協会が受託実施したものである)。

　・1989 (平成元) 年　松江市観光基本計画 (松江市観光基本計画策定委員会)

市民を中心とした委員会により計画耐用年数 20 年，4〜5 年のローリング方式で提案された。

・2000（平成 12）年　松江市テーマ型観光推進事業（※）
松江市が有する特定の資源をテーマとした旅行商品づくりを推進するため，テーマ型観光メニューの策定，検証，そしてそのメニューの実現化に向けての研修会を開催する一連の計画・事業。

・2001（平成 13）年　松江市朝の散歩道アンケート調査（※）

・2001（平成 13）年　中山間地域における観光交流促進のための資源の有効活用に関する調査 I -2（国土交通省）（※）
GIS 技術と携帯端末のプッシュ型情報提供の新技術を組み合わせることにより実現した新しい観光情報提供サービスに関する実験を松江市をモデル地域として実施しその効果等を検証。

・2002（平成 14）年　松江市中心市街地活性化計画（松江市都市建設部中心市街地整備課，経済部商工課）

・2003（平成 15）年　松江しんじ湖温泉地区土地利用転換推進計画策定事業報告書（松江市産業振興部中心市街地活性化対策課）

・2004（平成 16）年　松江市都市型温泉再生事業（都市計画部市街地整備課）

・2004（平成 16）年　松江しんじ湖温泉まちなみデザイン補助事業報告書（有限会社ランドシステム計画研究所）

・2005（平成 17）年　松江しんじ湖温泉まちづくり構想（案）（※）
松江しんじ湖温泉における活性化を図るため，景観等環境の整備内容，商業施設の活用方策，日帰り温泉施設の検討等を行う。

・2007（平成 19）年　松江市観光振興プログラム（※）（松江市観光振興部観光企画課）

・2007（平成 19）年　松江しじみ館調査事業（※）
NHK 連続テレビ小説だんだんの放映に先立ち観光物産館をしじみに特化した物産販売等施設として再生するための計画。

上記調査・計画にあわせて，松江市と日本観光協会とは次のような事業を実施し

ている。

- ・1998（平成 10）年　松江市観光地づくり推進モデル事業（日本財団交付金事業）
- ・1999（平成 11）年　国際観光シンポジウム開催
- ・1999（平成 11）年　松江市へ職員派遣（2012（平成 24）年まで継続実施）

（2）計画等継続におけるプランナーの役割

　1998（平成 10）年から 20 年の間におけるプランナーの継続的実施における役割について顧みると，次の通りである。

① 観光振興に関わる総合的な視点からの調査・計画策定の役割

　プランナーは，計画に必要な調査の実施，そしてその調査結果の計画への応用といった視点を持ち最終的な計画策定を行う必要がある。

② 継続的な相談・連携窓口としての役割

　行政担当者の異動などにより難しいことではあるが，可能な限り，行政担当者及びプランナーとの連携を継続させること。多分に個人的な対応のようにも思われるが，重要なことである。プランナーは担当者の引継・継続などのつなぎとしての役割も求められよう。

6.4　観光計画の内容

　2007（平成 19）年に策定された「松江市観光振興プログラム」（松江市観光振興部観光企画課）の施策内容は以下の通りである。

① 計画期間

　2007（平成 19）年から 10 年。但し 10 年以上を超える長期事業も含む。

② テーマ設定の基本的な考え方

- ・「潜在観光地」からの脱却へ松江の魅力のさらなるレベルアップ
- ・体験型観光の質の向上を図る

③ テーマ

　「水の都松江・旅絵巻」の舞台づくり〜「不昧好み」，「松江好み」を基調とし

た水の都松江らしい質の高い文化観光体験の提供～

④　主なターゲットと整備イメージ

　　「和・花紅葉・食の魅力豊かな落ち着いた大人の観光地」

⑤　観光振興プログラムの基本方向

　《基本方向》

　　〔1〕「庭園都市・松江」づくり

　　　　・「和」を大切にした風景づくり

　　　　・松江の風土・文化にふさわしい花紅葉の風景づくり

　　〔2〕めぐりの舞台づくり

　　　　・めぐりの道づくり

　　　　・めぐりの拠点づくり

　　〔3〕もてなしの文化づくり

　　　　・松江の魅力を生かす様々なもてなし

　　　　・もてなしの人づくり

　　〔4〕松江の魅力を生かした誘客の促進

　　　　・観光資源の特性に対応した観光客の誘致

　　　　・広域観光の推進

　　　　・国際観光の推進

　　〔5〕松江開府400年祭の推進

　　　　・松江開府400年祭と歩調を合わせた施策の実施

　　　　・松江開府400年祭後につながる施策の実施

　《ねらい：潜在型観光地からの脱却》

　　〔1〕旅絵巻の舞台の風景の装い

　　〔2〕松江ならではの魅力のレベルアップ

　　　　・めぐりの魅力づくり

　　　　・滞在の魅力づくり

　　〔3〕誘客活動の強化

　　〔4〕松江開府400年祭を契機にその盛り上がりを生かす取り組み

⑥　関連基礎調査

設定した観光振興プログラムのテーマ及び基本方向に基づいて施策を展開して
ゆくために必要な基礎調査を行う。

　　・観光資源の発掘・再評価

　　・観光情報データベースの作成

　　・観光行動調査の実施

表1-6(1)　松江市観光振興プログラムの目次

Ⅰ. 観光振興プログラム策定の趣旨
Ⅱ. 観光の動向
Ⅲ. 松江市の観光の現状
Ⅳ. 松江市の観光振興の課題
Ⅴ. 観光振興プログラムのテーマと基本方向
　　1. 観光振興プログラムのテーマ
　　　(1)テーマ設定の基本的な考え方
　　　(2)テーマ
　　　(3)主要なターゲットと整備イメージ
　　2. 観光振興プログラムの基本方針
　　　(1)基本方向
　　　　〔1〕「庭園都市・松江づくり
　　　　〔2〕めぐりの舞台づくり
　　　　〔3〕もてなしの文化づくり
　　　　〔4〕松江の魅力を生かした誘客の推進
　　　　〔5〕松江開府400年祭の推進
　　　(2)関連基礎調査
Ⅵ. 観光振興プログラム
　　・観光振興プログラムの施策の体系
　　・主な施策の分布
　　1. めぐりの魅力づくり
　　　(1)めぐりの道づくり
　　　(2)めぐりの拠点づくり
　　2. 滞在の魅力づくり
　　　(1)松江のイメージを形成する魅力づくり
　　　(2)もてなしの人づくりと人材の活用
　　3. 情報発信
　　4. 広域連携の強化と誘致活動の推進
　　5. 国際文化観光都市づくりの推進
　　6. 松江開府400年祭を契機とした取組み

第1章　市町村レベルの観光計画の事例

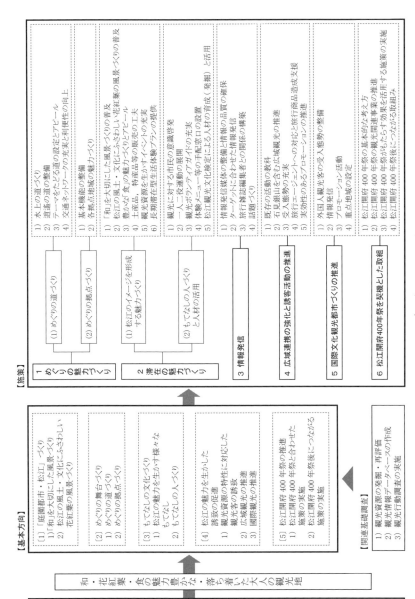

図1-6(1)　松江市観光振興プログラムの施策体系
出典：松江市(2007)『松江市観光振興プログラム』。

以上のような視点から，観光振興プログラムとして，

① めぐりの魅力づくり

② 滞在の魅力づくり

③ 情報発信

④ 広域連携の強化と誘客活動の推進

⑤ 国際文化観光都市づくりの推進

⑥ 松江開府 400 年祭を契機とした取り組み

の 6 項目を柱にして詳細な施策の内容を示している。また，本計画にはそれぞれの施策毎にそれに対応した全国の事例が添付され，資料として 1999（平成 11）年にまとめられた「観光地の経済波及効果推計マニュアル」（社団法人日本観光協会）に基づき松江市の 2005（平成 17）年の経済波及効果の推計がなされている。

6.5 総括―観光計画の継続性における評価

（1）多様な事業内容による現状把握・評価

　日本観光協会は，調査計画事業のみではなく研修会議等の開催，地域連携事業，政府委託事業なども行っていることもあり，松江市においては計画策定と連動して各種関連事業を実施しており，プランニングに携わるとともに国際会議の実施，人材の派遣など各種実践ソフト事業も同時に行った。また，市街地が観光の中心地でもあり観光担当のみならず都市計画担当とも事業を実施した。このように総合的な松江市の観光振興事業への参画は計画と実践の相乗効果を上げたといえよう。

（2）基礎調査・実証実験の実施

　2007（平成 19）年松江市観光振興プログラムの作成に至るまでに，観光客アンケート調査，観光の中核である温泉地区の整備検討，資源調査等の調査実施，旅行会社等によるモニターツアーの実施，情報など専門分野でのモデル事業，シンポジウム・研修等を通じた松江市観光の意識改革などを実施したことは，観光振興プログラムの策定をより現実的なものとしたといえよう。

（3）時期を得た即効性ある計画の策定

　2007（平成 19）年の松江しじみ館調査事業は，その年の後期から実施される NHK 連続テレビ小説だんだんの放映が決まると同時にその計画策定に着手された。それにより地域資源の観光顕在化として一部"しじみ"に特化した物産販売等施設として再生された。大変切羽詰まったものであったが，地元出身のプランナー等の協力により計画策定が行われ実現した。多くはロケ地跡とし整備が進められるが，先手を打ったソフト・ハードの整備は観光プランナーとしての総合計画と異なった計画の醍醐味であるといえよう。

（4）地域担当者及びプランナー（計画策定組織）との連携・継続

　プランナーの役割は，計画策定を第 1 にするがその実現や実践的な計画内容を策定するためには，できることなら様々な事業への参画を実践することが大切であろう。それはともすれば縦割りになりがちな施策を調整・連携する役割であるともいえよう。1998（平成 10）年から 2008（平成 20）年の間，様々な事業に一貫して関わり合えたことは双方にとって大変意義あるものだったと確信する。

参考文献・資料：

松江市（2002）：「松江市中心市街地活性化基本計画」.

松江市（2004）：「松江しんじ湖温泉地区土地利用転換推進計画策定事業」.

松江市（2005）：「松江しんじ湖温泉まちづくり構想（案）」.

松江市（2007）：「松江市観光振興プログラム」.

松江市観光基本計画策定委員会（1989）：「松江市観光基本計画」.

三井情報開発株式会社綜合研究所（2000）：「堀川遊覧船事業の経済波及効果の調査報告書」.

ランドシステム計画研究所（2005）：「松江しんじ湖温泉まちなみデザイン補助事業報告書」.

7. 大分県由布市
由布市観光基本計画（由布市・観光発展策）〜 "懐かしき未来" の創造〜
〜 "住んで良し，訪れて良し"，原点回帰のまちづくり〜

〔種　　別〕基本計画
〔対 象 地〕由布市
〔主　　体〕由布市（商工観光課）
〔策定期間〕2010 年 7 月から 2011 年 3 月
〔計画期間〕2011 年度から 2020 年度
〔特　　徴〕2005 年 10 月に湯布院町，庄内町，挟間町の 3 町で合併して誕生した由布市全域を対象とする観光計画。市全域を一律に扱うのではなく，市内各地域の個性や魅力を引き伸ばすと同時に，これまで培ってきた湯布院（由布院）のブランド力を賢く利用して地域間の戦略的互恵関係を構築するという方向性を打ち出した。

7.1　観光計画の概要

（1）計画策定の背景

　由布市は，2005 年 10 月に大分郡湯布院町，庄内町，挟間町の 3 町が対等合併して誕生した市である。1970 年代から全国に先駆け地域主導でまちづくりを推進し，今では全国屈指の温泉地として知られる由布院温泉を有する湯布院地域に，黒岳や男池に代表される豊かな自然と農村や庄内神楽等の文化的資源を有する庄内地域，教育・文化・医療・交流・商業施設等の都市機能が集積する挟間地域が加わったことにより，合併効果を生かした様々な可能性が期待された。

　また，年間約 380 万人の観光客が訪れる観光地でもあることから，住民と観光客が「癒しの空間」を共有しながら，住民にとって「住み良い町」を形成することも重要な課題とされた。

更に，リーマンショックに端を発する景気後退の影響を受けて観光客数が大幅に減少し，民間事業者が厳しい経営状況に置かれた。

このような背景のもと，先の諸課題を解決しつつ，観光を通じた持続的な地域を形成していくために，行政と民間が一緒になって取組むことが不可欠であった。由布市としては，計画的かつ戦略的に観光に関する施策を進めていくことが求められた。

（2）計画策定の目的

由布市は，市一体となって観光振興を進め，"住んで良し，訪れて良し"の観光立市を目指すために計画を策定。同計画は，観光を各部門が単独で生み出す以上の新たな価値を生み出す"総合産業"として捉え，由布市の多種多様な観光資源の価値を育み，各地域の持ち味を活かした魅力的な由布市観光を形成するとともに，観光，農業，商業，工業をはじめとした地場産業の連携により地域を活性化するための共通指針としての性格を有する。

（3）由布市の上位計画・観光関連計画にみる"観光"の位置づけ

『由布市総合計画』（2007年）を上位計画とし，「まちづくりの7つの基本方針」の一つとして，観光・交流の促進を掲げる「住む人も訪れる人も"癒される"まちづくり」が位置づけられている。地区別計画では，合併前の湯布院町，庄内町，挟間町の総合計画の内容が引き継がれている。

（4）観光計画の特徴

1）地域内での"閉じた"公平・平等を越えて，市場評価を踏まえた市全体戦略を打ち出している点

- 観光地としての成長段階と市場評価（競争力・ブランド力）の異なる大きく5つの地域（由布院，湯平，塚原，庄内，挟間）を抱える広域合併市において，公平・平等の観点から各地域を一律・同様に扱うのではなく，各地域の個性や取組の歴史，蓄積を把握した上で，市場評価等も踏まえて，市全体として由布院（湯布院）が培ったブランド力を賢く利用する戦略を提示している（図1-7(1)）。
- 観光関係者内や各地域内の部分最適に留まらず，地域全体の最適を目指し，

観光を総合産業として捉えて市全体で戦略的互恵関係を構築する方向性を打ち出している。

2）地域住民，観光産業従事者，観光者の3者の実態と意向等を踏まえている点

- 観光者（潜在客を含む）を対象とした調査のみではなく，観光による正負の影響を受けている地域住民を対象とした意識調査，当市内の地域で働く観光産業従事者（由布市周辺地域から通勤する人々も含む）を対象とした意識調査等を実施。「住んで良し，訪れて良し」に加えて，住んで良しの一部とも捉えられる「働いて良し」も意識している（表1-7(3)の目次参照）。

3）核となる湯布院（由布院）の地域スピリット等を分析，全体戦略を構築している点

- 湯布院（由布院）のスピリット／DNAや由布院から抽出される観光まちづくりの要点を分析するとともに，各地域のまちづくりとその想い等も把握して基本理念として整理している（図1-7(2)，表1-7(3)）。

4）社会情勢や環境の変化にも対応できるよう，マネジメント型の計画とした点

- 変化の激しい時代であること，計画期間が10年間と長く，その間に地域の状況も変化すること等を想定し，事前確定的な計画ではなく，その時々の状況に応じて地域が主体的に最適な策を講じられる「マネジメント型プラン」としている。
- 計画の施策運営に柔軟性を持たせられるよう，計画では基本的な方向のみを定め，事業の詳細検討，執行に至っては，二段階で推進体制を整備し，継続的に観光関連事業者や住民の意見を反映しながら，地域自らが事業展開できる仕組み，枠組みを持たせている。

7.2 観光計画の策定

（1）策定体制

計画策定委員会と作業部会の二部体制で検討を実施。委員会は計18名，作業部会は計20名で構成。観光を総合的に捉える視点と旧町・地域の観光という視点からメンバーが選出された。前者の視点で議論するため，委員会，作業部会ともに農業関係者，商工会関係者等が，部会では，総合政策課，農政課，都市景観推

第1章　市町村レベルの観光計画の事例　93

表1-7(1)　計画の策定体制(参加組織一覧)

区分	参加メンバーの所属組織
〔委員会〕 計18名	学識経験者，由布市副市長，由布市議会産業建設常任委員，由布市自治委員会，由布市環境商工観光部，湯布院塚原高原観光協会，由布院温泉観光協会，由布院温泉旅館組合，湯平温泉観光協会，湯平温泉旅館組合，庄内町観光協会，由布川渓谷観光協会，湯布院町商工会，庄内町商工会，挟間町商工会，大分県農業協同組合，JR由布院駅
〔部会〕 計20名	由布市商工観光課，総合政策課，農政課，都市景観推進課，挟間地域振興課，庄内地域振興課，湯布院地域振興課，湯布院塚原高原観光協会，由布院観光総合事務所，由布院温泉観光協会，由布院温泉旅館組合，湯平温泉観光協会，湯平温泉旅館組合，庄内町観光協会，挟間町商工会，庄内町商工会，湯布院町商工会

出典：『由布市観光基本計画〈参考資料〉』(2011)より作成。

進課の職員が選出された。また，後者の視点で議論するため，旧町各地域振興課，各地域の観光協会・旅館組合等からメンバーが選出された(表1-7(1))。

　由布市商工観光課が事務局となり，(財)日本交通公社(現(公財)日本交通公社)が一部業務委託を受け，調査業務及び会議運営支援業務等を実施した。並行して，(財)日本交通公社が自主事業として各種調査等を実施し，委託業務と合わせて計画策定を支援した。

(2) 策定方法・検討方法

　計画策定会議開始前及び計画策定中間段階までに，委員会及び作業部会メンバーが所属する組織に対してヒアリングを実施し，計画の趣旨を説明するとともに各組織，各地域で抱えている問題や課題，今後の方向等について把握。委員会及び作業部会でその調査結果を提示し，関係主体間での情報共有，意識共有を図りながら進めた。

　また，計画の策定にあたっては，委員会3回，部会5回に加えて，中間段階に公開フォーラムを開催した。合併後，観光を題材として，旧町・各地域が同じ場で議論するのは初めてのことであり，公開の場で同じテーブルにつき議論するのも初めてのことであった。各地域の双方に対する見方や市場評価・ブランド力等について客観的な視点で議論がなされた。

　作業部会は，基本メンバー全員で議論を行う場として設定されたが，由布市は各

地域の地域特性や観光地としての成長段階が異なり抱える課題が異なることから，策定途中段階で地域ごとに分れて議論する場が設定された。その上で再度市全体の観光の方向性が議論された。

（3）計画期間と策定期間

2011年度を初年度とする10カ年度を計画期間。上位計画の『由布市総合計画』（計画期間：平成2007年度～2015年度）との整合を図り，5カ年度目にあたる2015年度が一区切りとされた。計画の進捗状況や社会情勢の変化等に合わせて，必要に応じて計画の見直しを行うこととされている。

2010年7月に第1回委員会を開催し，2011年3月までに最終委員会が開催された。

（4）プランナーの役割

役割は大きく以下の2つに整理される。行政区域内に複数の地域や様々な主体等が存在する場合，そのバランスへの配慮に始終し，市場及び観光客に対する意識が薄れ，行政区域内に閉じた議論がなされることが少なくない。そうした中で，暮らしの場である地域（生活，環境，文化等）を起点にしつつも市場及び観光客の存在を常に意識し，「市場志向で合意形成を図ること」を意識して議論を進めること。また，観光振興や観光まちづくりを狭義に捉え，身近でわかりやすい資源の発掘やその利活用，誘客活動やおもてなし関連の取組みに事業に偏ってしまうことも少なくないが，観光を幅広い視点から捉え，観光地への生産物の提供等も含めて総合的視点から観光振興策を提起し議論を進めることである。

7.3　観光計画の内容

（1）基礎調査の特徴

同計画は，現状と課題を整理する基礎調査と目標や理念，戦略・戦術等を整理した計画，推進体制，役割分担，（追補）地域別計画等に関する章から構成される。基礎調査としては，前述した通り，観光に対する住民意識アンケート調査や観光産業従事者意識アンケート調査等に加えて，関連組織等へのヒアリングが実施さ

れた（表1-7(3) の目次参照）。

　さらに，観光まちづくりの成功事例として知られる由布院について，これまで策定された各種地域計画[1]や関連図書等を用いて文献調査を行うとともに，長年地域（現場）においてまちづくりを実践されてきた中谷健太郎氏，溝口薫平氏，由布院総合事務所元事務局長の米田誠司氏の協力のもとで，由布院スピリットに関する研究会を開催。基本理念を導出する上での重要な調査研究となった（これらの調査結果は，（財）日本交通公社が由布市及び由布院をモデル地域として実施した自主研究（観光文化振興基金を活用した公益事業「温泉地の住民意識に関する研究」）の中で整理）。

(2) 由布市観光の考え方

　以上の調査結果を踏まえ，同計画では，由布市全体の観光の考え方として「『湯布院（由布院）ブランド』のワイズユース（賢い利用）と，地域間相互の連携，協力，補完による『由布ブランド』への昇華」が掲げられた（図1-7(1)）。湯布院（由布院）という一つの地域に対して市場が抱く湯布院（由布院）ブランドを，市内の各地域が相互に信頼関係を構築しワイズユースを行い，相乗効果を創出していくことが新たな由布市観光の方向性として目指された。

　なお，その成果指標等については計画後に検討されることになっている。

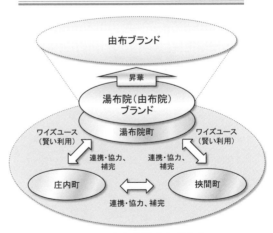

図1-7(1) 由布市観光の考え方
出典：『由布市観光基本計画〈概要版〉』，p.4.

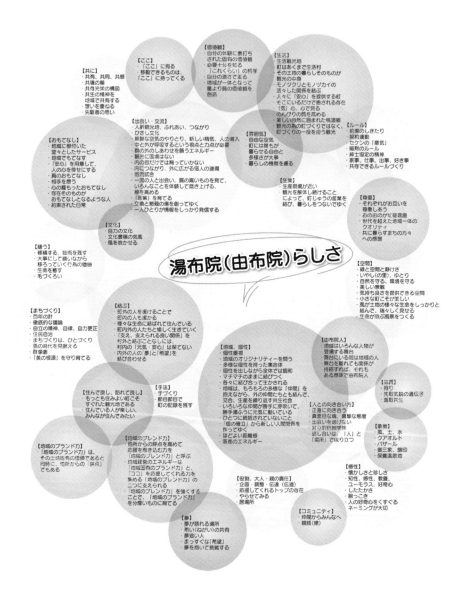

図1-7(2) 「湯布院(由布院)ブランド」から「由布ブランド」へのヒント
出典:『由布市観光基本計画〈概要版〉』, p.5。

（3）湯布院（由布院）からのヒント

　由布市全体及び各地域の観光の方向性を描くにあたり，「湯布院（由布院）」の観光まちづくりの歴史を振り返り，湯布院（由布院）がこれほどまでに人を惹きつけるのはなぜか，その魅力の根幹，観光まちづくりの要点は何なのかについての研究を行った。従来観光計画では，観光資源ないし地域資源の評価をベースに計画立案を行ってきたが，『由布市観光基本計画』では，「その価値は何か」にまで踏み込むことを意識して計画策定がなされた。課題解決策を中心とする計画内容ではなく，魅力伸長型の観光計画を策定することを目的に整理されたのが「湯布院（由布院）からのヒント」である（図1-7(2)）。

（4）由布市観光の目標と理念

　以上の考え方，ヒントをもとにして，計画編では将来目標，5つの基本理念，3つの戦略，21の戦術，6つの重点プロジェクトが掲げられた。湯布院（由布院）ブランドをワイズユースしつつも，それぞれの地域で個性あるまちを目指すことが掲げられている（表1-7(2)）。

表1-7(2)　由布市観光基本計画の概要

計画名称	由布市観光基本計画（H23-32 年度）　　*( )は施策数
考え方	「湯布院（由布院）ブランド」のワイズユース（賢い利用）と，地域間相互の連携，協力，補完による「由布ブランド」への昇華
将来目標	人と暮らしが織りなす"懐かしき未来"の創造 ～住んで良し，訪れて良し"，原点回帰のまちづくり～
基本理念	1. 自然の恵みに感謝し，生業を尊ぶ由布市観光 2. 個性ある人，個性あるまちを育む由布市観光 3. 内と外の"交流，出会い"を設える由布市観光 4. 真心でもてなす由布市観光 5. 古きを大切にし，新しき"風"を起こす由布市観光
戦略	A. 人と暮らしを大切にし，"懐かしき未来"を感じさせる魅力づくりに取り組む(11) B. 内と外を繋ぐプロモーションを展開する(4) C. 個性ある人づくり・組織づくりを推進する(6)
重点プロジェクト	Ⅰ. 宿泊施設活性化プロジェクト Ⅱ. 農村風景保全・活用プロジェクト Ⅲ. 観光交通マネジメント推進プロジェクト Ⅳ. 農商工観連携推進プロジェクト Ⅴ. 着地型プログラム・商品造成，文化・芸術創造プロジェクト Ⅵ. マーケティングに基づく誘客プロモーションプロジェクト

出典：『由布市観光基本計画』(2011)より作成。

（5）実現化方法

　事業分担および進行管理は，後述する『企画検討・検証の場』で具体的内容を決めて事業分担を行い，計画が遂行される。

表1-7(3)　由布市観光基本計画の内容と構成

項目	内容（目次）
本報告書	序章　計画策定の背景と目的
	（1）観光基本計画策定の趣旨
	（2）由布市の上位計画・観光関連計画にみる"観光"の位置づけ
	（3）調査のフロー
基礎調査編	第1章　由布市の現況と観光特性
	（1）由布市の概要
	（2）由布市の観光資源・地域資源
	（3）由布市への入込観光客数
	（4）由布院温泉に対する消費者の志向
	第2章　由布市の観光関連産業の現状と課題
	（1）宿泊施設の経営実態
	（2）観光関連団体の取組と観光への期待
	第3章　由布市住民及び観光関連産業従事者の意識
	（1）由布市住民の観光に対する意識
	（2）観光関連産業従事者の観光や仕事に対する意識
	第4章　計画課題の整理
	（1）由布市における観光振興上の問題点・課題等
全体計画編	第5章　由布市観光基本計画
	（1）由布市における観光推進の基本的な考え方
	（2）将来目標と基本理念
	（3）全体計画（施策の体系）
	（4）重点的に推進するプロジェクト
	第6章　事業化に向けた推進体制
	（1）計画に基づく事業の企画検討と実施体制
	（2）多様な主体の参画による計画のさらなる推進に向けて
地域別計画編	追補　地域別観光施策の方向
	（1）挟間地域「都市近郊のレクリエーションのまち」
	（2）庄内地域「農業・農村文化の里」
	（3）塚原地域「上質な高原リゾート」
	（4）由布院地域「生活型・滞在型観光地」
	（5）湯平地域「"現代湯治"の里」
別冊 参考資料	1. 由布市の概要
	2. 九州観光の現況
	3. 消費者アンケート調査
	4. 宿泊施設実態調査
	5. 観光関連団体の取組と観光への期待
	6. 住民意識調査
	7. 観光関連産業従事者意識調査
	8. 由布院温泉における地域のスピリット分析
	9. 由布市観光基本計画プロジェクト例一覧
	10. 由布市観光基本計画策定委員会及び作業部会概要

出典：『由布市観光基本計画』（本報告書，参考資料）より作成。

7.4 観光計画の実施

（1）推進体制・進行管理

　計画の推進に向けては，広く関係者による諸事業の『企画検討・検証の場』を設置し，定期的に進捗状況の検証を行うと同時に，上記で企画検討された事業を実行に移す『実行部隊』が必要となることから，由布市では，二つの段階に分けてプロジェクトの推進体制を充実させてきている。

　具体的には，策定から3年目となる2013年度には「観光事務調整連絡会議」が設立され，由布市内の観光組織（7団体）の連携強化が図られた。そして，2014年度には，民間と行政との協働による観光マネジメント機能を強化するために，由布市商工観光課内に観光新組織設立に向けた準備室「観光新組織準備室」が設置された。同室は民間からも人材を登用しており，民間と行政との協働による新たな観光振興及び観光まちづくりを推進する組織とその体制について研究が行われている。

7.5 観光計画の評価

　計画期間の前半は，各地域の個性を引き伸ばすための観光まちづくりと，由布市全体で観光を推進するための体制構築を行うことが中心となった。

　計画期間の後半では，前半に引き続き体制構築・強化を図るとともに，市場評価を意識しながら，目標達成に向けての行動が求められる。本計画が掲げる目標"懐かしき未来"の創造に向けて，類例なきものを創造しようという芽，兆しが地域内において徐々に見え始めていることから，前半で主に実施された関係者や諸事業を結び付けるための場を設定するとともに，推進体制の構築から更に踏み込んで，事業内容の詳細に関して議論が深め且つ着実に事業を実行し，目的，目標が達成していくことが期待される。

7.6　総括

　広域の行政区域を対象とする観光計画策定においては，合併によって生じる課題を乗り越え，市としての可能性を引き伸ばすための方向と，各観光地・地域それぞれが抱える課題を解決し次段階へ進むための方向の二つを同時並行で検討，提起することが求められる。

　その中では，観光地としての発展段階の違いに拠らず，いずれの地域においても，観光まちづくりに取組み，地域の個性化や魅力向上を図る機会が，公平・平等に与えられていることが望ましい。多様な主体の参画も地域での観光振興には不可欠である。しかしながら，観光者への対応は，各主体・関係者の意識や資源，環境の持続性に配慮しつつも，市場評価，地域の観光への依存度等に応じて労力や資金等を適切に配分して事業を実施することが，観光者の来訪を通じて地域の目標像の達成や地域の持続性確保を視野に入れる場合は求められる。とは言え，実際に計画を推進していくのは地域の人である。市場志向で推進していけるかは，本観光計画の課題である。

※本稿は，「合併市における観光計画の策定に関する一考察―由布市観光基本計画を例として―」（2014）を加筆・再編集したものである。

注：
(1) 合併以前における観光に特化した調査や計画としては，大分県と湯布院町の関係者が大分大学に依頼して実施した『湯布院町観光診断報告書』（大分県商工労働部中小企業課・湯布院町役場・湯布院町商工会，1966）や旧湯布院町が業務発注した由布院温泉，湯平温泉，塚原温泉を対象とする『湯布院温泉における健康保養温泉地開発のための基本調査』（（財）日本健康開発財団，1978），民間の観光推進組織が独自に策定した『由布院温泉観光計画』（由布院温泉観光協会，1996）等が存在している。

参考文献・資料：

財団法人地域活性化センター（2006）：「地域ブランド，マネジメントの現状と課題調査研究報告書」，p.78.

三好健太郎（2012）：「地方における観光消費に対応した産業クラスター形成に関する考察―大分県における観光消費に伴う波及効果と流通実態を中心事例として―」，pp.1-15.

第2章　地区レベルの観光計画の事例

1. 北海道釧路市阿寒湖温泉（旧阿寒町）
―阿寒湖温泉活性化基本計画（第一期，第二期，第三期）―

〔種　　別〕基本計画

〔対 象 地〕北海道釧路市阿寒温泉（旧阿寒町）

〔主　　体〕（特定非営利活動法人）阿寒観光協会まちづくり推進機構

〔策定期間〕2001年度から2002年度

〔計画期間〕2002年度から2010年度

〔特　　徴〕阿寒湖温泉の将来ビジョンを住民参加型で策定し，温泉地における
「まちづくり」の必要性を定着させた。行政による計画ではなくあくま
で民間レベルで10年後にはこうありたいという目標と戦略をまとめ上
げたもので，単独の温泉地が行政やシンクタンクと協働し，独自に観
光計画を策定した事例は全国でも珍しい。

1.1　観光計画の概要

（1）計画策定以前

　北海道東部，釧路空港から約50分，女満別空港から約一時間半に位置する阿
寒湖温泉は，世界で唯一「まりも」（国の特別天然記念物）が生息する阿寒湖のほ
とり，阿寒・摩周国立公園の集団施設地区内にある。主たる観光施設としては，阿
寒湖の遊覧船とアイヌ古式舞踊（国の重要無形民俗文化財），エコミュージアムセン
ター，そしてほぼ土産店と飲食店のみで構成された三つの商店街である。また周囲
には「日本百名山」の一つである雌阿寒岳・雄阿寒岳や阿寒湖の上流に位置し，立
ち入りが禁止されたパンケトー・ペンケトーの双子の淡水湖などがある。宿泊施設

は大型旅館から民宿まで 20 軒ほどあり，宿泊収容力約五千人という北海道東部で最大級の宿泊地となっている。

（2）外部の目が気づいた阿寒湖温泉の課題

1999 年，（財）日本交通公社の H 元常務理事が阿寒湖温泉を訪れた際，古くから懇意にしている旅館経営者 O 氏に「阿寒湖温泉の旅館は，朝九時になると館内にお客様が誰もいない。お客様がのんびりしていない温泉地でいいのですか？」という疑問を投げかけた。

1998 年度の阿寒湖温泉の宿泊客は 99 万人で，大規模旅館の経営者は「100 万人まであと一歩」と，その後の宿泊客の増加を疑っていなかった。当時の旅行形態は団体客が主流であり，その行動パターンは，夕方六時頃旅館に到着し，夕飯（宴会）と入浴を楽しんで翌朝は朝食後すぐにバスで次の観光地へ向けて旅館を出発する，というものがほとんどであった。従って，旅館も温泉街も朝九時を過ぎると閑散としていたのである。ただし，団体旅行の受け入れが中心であった日本各地の温泉地では，こうしたことは当時は「当たり前」であり，阿寒湖温泉でも誰も不思議に思っていなかったのである。

しかし，1980 年代後半，いわゆるバブル期あたりから，日本人の旅行も徐々に変わり始めており，中でも「団体旅行」から「個人旅行」へのシフトは明らかであった。しかしながら，阿寒湖温泉では 1990 年代，観光客は順調に増加していた，つまり「数」には大きな変化がなかったため，旅行者の「質」の変化に気づいていた人はほとんどいなかったと思われる。

そうした状況にあって，外部から発せられた小さな疑問に対し，その旅館経営者は，「阿寒湖温泉」として対応策をとることをいち早く決断した。阿寒湖温泉に必要だったのは，団体客だけでなく，今後増えるであろう個人客に対応できる温泉地への構造変革であった。そのためには，場当たり的に事業をするのではなく，長期的視点をもって将来ビジョンを策定し，それに基づいて事業を進める人，熱意，お金，時間が必要であり，観光地がすたれてからそうした構造改革に着手するのではなく，阿寒湖温泉はまだ力がある今のうちに動きだそう，と彼は考えたのである。なお，O 氏は後日「観光カリスマ」となり，現在は地元ばかりでなく北海道観光の

リーダーとして，精力的に活動を続けている。

当時，阿寒湖温泉の観光関連団体の中心であった阿寒観光協会は，(財)日本交通公社・現(公財)日本交通公社と共同で，まずは構造改革の土台となる長期ビジョン「阿寒湖温泉活性化基本計画(以下，再生プラン 2010)」の策定に 2000 年度から着手した。

写真2-1(1) 阿寒湖と阿寒温泉
出典：阿寒観光協会提供．

1.2　観光計画の策定—再生プラン 2010
策定のポイントは住民参加，実現的な提案，まちづくりの視点

阿寒町（当時）では，バブル期にも阿寒湖温泉活性化のための計画が数年前に一度策定されていたものの，実現に至っていなかった。その理由として，計画策定者（コンサルタント）と推進者（行政や観光協会など）の連携が十分でなかったことや，描かれた理想が大きすぎたことが地元住民から指摘された。そこで，再生プラン 2010 は住民自らも計画策定の過程から係わること，そして「理想」よりも「実現性」を重視したプロジェクトを提示すること，十年という時間をかけて魅力的な「まち」をつくり，観光客の滞在時間を延ばすこと，この 3 点を踏まえて策定作業を進めることとした。

(1) 70 人の住民参加で会議，即行動へ

まずは，阿寒湖温泉活性化戦略会議を立ち上げ，検討委員会と 4 つの部会でそれぞれ議論を進めた。検討委員会は，町外委員と町内委員それぞれ 8 名ずつが参加し，町内委員として阿寒町長も加わった。4 つの部会（まちづくり・ショッピング・食の楽しみ・泊まる楽しみ）は，約 70 名の住民がメンバーとなった。大規模旅館だけでなく，中小規模旅館や民宿，土産品店，飲食店等様々な業種や性別・年齢をミックスして部会メンバーを分け，「阿寒湖温泉に何が必要か」という議論のもと，

「すぐにできる」と判断されたプロジェクト（例：花壇づくり）は，直ちに部会メンバーによって実行された。例えば，「食の楽しみ部会」では，安くておいしい阿寒湖らしいランチを目指しての「阿寒湖丼」の試作・試食会を，「泊まる楽しみ部会」では，「2泊3日の阿寒湖温泉滞在プラン」をメンバーで考えた。

（2）女性をまちづくりの表舞台に

四部会のメンバー選定は地元関係者が行ったものの，最初は全員が男性であった。「住民参加」といいながら女性が一人も入っておらず，第一回目の検討委員会で，女性の有識者委員から「女性と若者が入らないまちづくりなら，やらないのと同じ」と指摘された。これは，「組織ありきの代表選び」という考えから生じた問題点で，その後すぐに女性6名が部会へ参加することとなった。肩書きのない女性達が男性に混じって参加する会議，というのは，おそらく阿寒湖温泉で初めてであった。

さらに，女性は観光産業従事者としてだけでなく，母や妻という「住民の視点」も男性よりしっかり持っていることから，もっと多くの女性にまちづくりに参加してもらうべく，女性だけのまちづくりの会「まりも倶楽部」が2001年11月にスタートした。住民として，観光客と接するお店の店員として，どんなことを日々感じているか，女性だけの集まりで何がやれるか，というメンバーの意見の中から，「自分たち自身がまずは阿寒湖のことを知ること」，そして知ったことを阿寒湖温泉に来るお客様にもお裾分けしてみよう，ということになり，マップづくりや地場産品を使った新しい名物料理作り，商店街の花いっぱい運動等に着手し，現在まで活発に様々なまちづくり活動を行っている。

（3）まちづくりのための「業界横断組織」を設立

阿寒湖温泉には観光協会や旅館組合等，多くの業界団体があったものの，阿寒湖温泉の活性化には業界の枠を越えた事業が必要であること，また観光客だけでなく，住民のための事業には行政の協力も不可欠であることから，業界の利害を超えた組織が必要になってきた。そこで，2001年6月，「阿寒湖温泉まちづくり協議会」を設立し，阿寒湖温泉のまちづくりを推進する核組織として活動を始めた。

また，再生プラン2010は観光客のための「温泉地」だけでなく，住民の「居住

地」としての阿寒湖温泉の活性化でもあるため，できるだけ多くの住民にこの計画に関心を持ってもらい，事業への参加協力を促進すべく，検討委員会や部会の活動報告等を掲載したニュースレターを発行し，町内報と一緒に阿寒湖温泉地区全戸に配布した（2年間で8回発行）。

(4) 8つの基本戦略，56のプロジェクトを提案

2000〜2001年度の2年かけて策定された再生プラン2010は，目標として掲げられた地域イメージ「ここちよい湖畔，のんびり温泉　阿寒湖〜2泊3日できるレイクサイドリゾート〜」の実現に向け，8つの基本戦略と56のプロジェクトを提示した。検討委員会や部会での議論に加え，住民や宿泊客に対するアンケート調査，カナダの国立公園視察研修，財源検討会議等，様々な作業を踏まえてのプロジェクト提案であった。

また，このプランは，観光客の質の変化，すなわち個人客への対応を意識している。観光客，特に個人客は，旅館だけを目的に旅行先・宿泊先を選ぶわけではない。「観光地」という「面」での魅力を高めないと，今後間違いなく増加していく個人客を誘致できなくなってしまう。阿寒湖温泉のように，商店街を3つも持つ温泉地であれば，なおさら「温泉街」としての魅力アップが今後も観光客に選ばれ続ける観光地として不可欠であった。そこで，再生プラン2010では，時間がかかっても「魅力的なまち」，すなわち観光客を受け入れる「舞台」をつくるというプロジェクトも入れ込んでいる。

各プロジェクトは，目的や展開の方向，実現に向けた留意点等，できるだけ詳細にコメントを付け，再生プラン2010を読めば，誰もがプロジェクトをどのように実現すればいいか理解できるよう工夫して報告書が作成された。

写真2-1(2)　冬季マップ作成のため，まりも倶楽部自ら雪の中で阿寒湖畔の現地調査を実施
出典：阿寒観光協会提供。

1.3 観光計画の内容

2カ年をかけて策定された『阿寒湖温泉再生プラン2010』は、図2-1(1)に示すように2つの性格を有している。一つは観光地としての阿寒湖温泉、そしてもう一つは生活の場としての阿寒湖温泉である。"住んで良し、訪れて良し"は、当初からの理念であったし、そうでなければ住民を巻き込んだ観光まちづくりは進まないであろう。

将来の地域イメージを「ここちよい湖畔、のんびり温泉　阿寒湖」～「2泊3日できるレイクサイドリゾート」とし、2010年に向けた構造改革プランが完成、8つの基本戦略と56のプロジェクトが提案されたのである（図2-1(2)）。さらに特に推進すべき9つの重点プロジェクトが選定され（図2-1(3)）、翌年から実現に向けて動き出すこととなる。

この計画策定のプロセスの中で、一点、特筆すべきは構造改革プランである「再

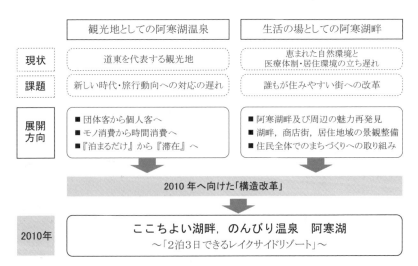

図2-1(1)　再生プラン2010で提示された魅力ある阿寒湖温泉への展開方向と将来の地域イメージ
出典：『阿寒湖温泉活性化基本計画』(2002)。

生プラン 2010」と同時に,『阿寒湖温泉の再生は意識改革から』という意識改革プランを策定したことにある。これは全戸に配布され,旅館経営者だけでなく,土産店経営者,民宿の経営者など過去の北海道観光ブームが忘れられず,成功体験

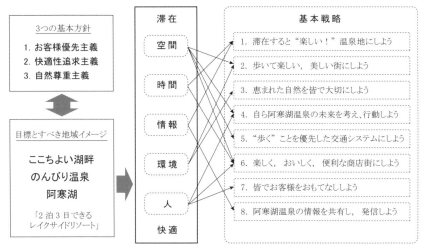

図2-1(2) 将来の地域イメージと基本戦略
出典:『阿寒湖温泉活性化基本計画』(2002)。

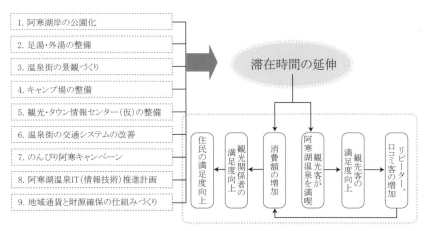

図2-1(3) 9つの重点プロジェクトと期待すべき成果
出典:『阿寒湖温泉活性化基本計画』(2002)。

から抜け出せない経営者に対するメッセージとなった。

1.4 観光計画の実施

阿寒湖温泉は，再生プラン 2010 を確実に実現するため，（公財）日本交通公社の提案もあって，計画策定後の 2002 年度，同財団に「計画監理業務」を委託した。この業務は，再生プラン 2010 で提案された個々のプロジェクトの進め方，組織づくり，財源確保，人材育成等について，（公財）日本交通公社が阿寒湖温泉に対して助言や情報を提供するものである。

阿寒観光協会や阿寒湖温泉まちづくり協議会は，（公財）日本交通公社の支援を受けつつ，再生プラン 2010 で提案された 56 のプロジェクトに一つずつ着手していった。

なお，再生プラン 2010 の策定並びにこの計画監理業務は，阿寒観光協会と（公財）日本交通公社（自主財源）による共同研究事業であり，2003 年度以降も（公財）日本交通公社は自主財源や釧路市・国の事業導入等による計画監理業務を継続している。

(1) 観光関連組織の統合と法人化

阿寒湖温泉のまちづくり，すなわち再生プラン 2010 の実現のための財源を観光協会やまちづくり協議会から捻出するのは困難であったため，財源の1つとして国や北海道からの補助事業の導入を目指すこととした。しかし，こうした補助事業導

写真2-1(3) 環境省による湖畔園地の整備
出典：阿寒観光協会提供。

入にあたっては，まちづくり組織が法人格を有していることが条件となることから，2003～2004年度にかけて阿寒観光協会と阿寒湖温泉まちづくり協議会（いずれも任意団体）の組織を統合し，2005年7月に北海道知事より特定非営利活動法人阿寒観光協会まちづくり推進機構として承認された（以下，NPO阿寒）。NPO法人化により，同年秋には国土交通省の補助事業「観光ルネサンス事業」を導入し，パンフレットやHPの外国語版の完成，アイヌ古式舞踊の外国語のイヤフォンシステムの導入等，外客対応の充実が実現している。

1.5　観光計画の評価

（1）三年ごとの計画見直し

　観光地を取り巻く環境や，旅行者の動向は年々変化していることから，再生プラン2010は三年ごとに計画を見直すPDCAシステムを導入している。2004年度には第二期計画（計画期間2005～2007年度）を策定，2007年度には第三期計画（計画期間2008～2010年度）を策定した。常に"生きた計画"としてブラッシュアップを行ってきた。毎年一回開催する外部の有識者と地元キーマンとの「阿寒湖温泉グランドデザイン懇談会」には，阿寒湖の森と自然と人を守っている（一財）一歩園財団のM理事長が必ず出席し，我々の取り組みを叱咤激励してくれた。

　こうした見直しにより，長期ビジョン（2010年に「2泊3日できるレイクサイドリゾート」になること）に向けて，常に時代のニーズにあったプロジェクトを計画・実行していくこととなった。

1.6　総括

　2000年から始まった阿寒湖温泉のまちづくりであるが，2005年度以降，NPO阿寒が様々な補助事業を導入してハード・ソフト両面からのまちづくりプロジェクトを推進してきた。その中でいくつかの課題が明らかになってきた。

(1) 住民間の「温度差」

　まちづくりに住民を巻き込むことは，住民が「推進主体」となる事業を実現するために不可欠であるが，どうしてもまちづくりに参加するのは一部の住民に限られてしまいがちである。2004年度に，2010プラン第二期計画策定にあたって実施した住民アンケートでは，「住民の合意形成については，まちづくりの進捗状況について常に情報公開して欲しい」という意見が4割を占めた。従って，できるだけ多くの住民にまちづくりに関心をもってもらうべく，一時発行を中断していたニュースレター（毎回，会議の開催状況などを紹介したまちづくり情報誌）を，2006年11月から発行を再開した（月1回発行）。2007年度の2010プラン第三期計画策定にあたって実施した住民アンケートでは，まちづくり活動への住民の参加率やニュースレターの購読率は2004年度より高まっており，少しずつではあるがまちづくりに対する住民の関心が高まっているのは事実である。

　しかしながら，NPO阿寒のまちづくり活動が十分住民に伝えられているとは言い難く，ニュースレターだけでなく，HPやメールによる情報発信や，NPO阿寒の各事業部会への参加の働きかけ，商店街や町内会などの集まりでの活動報告といった複数の手法の組み合わせによるまちづくり活動の情報発信と住民の中の理解者・協力者の増加が必要となる。

(2) まちづくりの財源確保

　阿寒湖温泉のまちづくり事業のうち，特にハード整備には多大な経費がかかるため，NPO阿寒では様々な行政の補助金導入や，行政へ事業実現の働きかけを行ってきた。しかしながら，補助率が100％でない補助事業（NPO阿寒や釧路市が事業費の一部を負担する）や，事業内容に制限のあるもの，補助金の申請・精算に膨大な時間を要するものもあり，現在のNPO阿寒の自己財源やスタッフだけでは，容易に補助事業が導入できないのが現状であるが，NPOでは釧路市の支援（予算確保，研修生のNPO派遣等）を得てこの問題に対処してきた。

　しかしながら，補助事業は長期に渡って導入できるものではないため，NPO阿寒としては独自にまちづくり財源を確保することが早急に必要となっている。例えば，2001年に旧阿寒町の若手職員と釧路公立大学地域経済研究センター長（当時）小

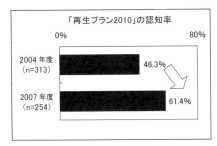
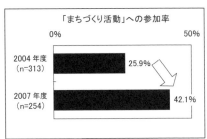

図2-1(4) 住民の「長期ビジョン」認知率と「まちづくり活動」参加率の推移
出典：(公財)日本交通公社作成。

磯修二氏による「新たな地方税に関する研究会」で提案された法定外目的税の導入や入湯税のかさ上げ，指定管理者の受託，物販，イベント等，行政に頼らない安定した財源の確保である。その後，2015年度から入湯税の超過課税が実現することとなり，超過課税分が阿寒湖温泉の観光事業に使われている。

(3) まちづくりの成果測定

2000年度以降，阿寒湖温泉では様々なまちづくり事業を行っているものの，2003年度以降観光客（宿泊，日帰り共）が増加していないのが現状である。再生プラン2010では，2010年の目標数値として観光客の増加ではなく，2泊以上の連泊客比率と道内客比率の増加を掲げている。2006年度に実施した宿泊客の滞在時間調査では，2001年度調査に比べ滞在時間が4時間延伸し，連泊客比率もわずかではあるが増加した。また，個人・グループ客の比率も拡大傾向にあり，徐々に再生プラン2010で目指している地域イメージに近づいているのは確かである。しかしながら，「色々やっているのに観光客が増えないのは何故か？」という疑問も地元関係者に出始めている。

再生プラン2010の数々のプロジェクトのうち完全に終わったものは少なく，多くが進行中であることから，個人客や連泊客に十分対応できる観光地に変わりきれていないこと，あるいは阿寒湖温泉の努力だけでは解決できない問題もあり，NPO阿寒は2007年度以降，観光客を増やすための「即効薬」として，既存イベントのリニューアルや新規イベントにも着手している。

（4）終わりに──「創生計画 2020（ビジョン）」を次世代に繋ぐ

　阿寒湖温泉に限らず，まちづくりには「終わり」はない。阿寒湖温泉でも，再生プラン 2010 を策定した時には，「10 年とは随分長い計画だ」と感じた住民も多かったかもしれない。しかし，まちづくりを初めて気づくことは，進行途中のプロジェクトが残っているばかりでなく，まちづくりを進めるにつれて，新たにやらなければならないプロジェクトが次々と浮上してくることである。

　そして，まちづくりは，やはり「人」がいないことには進まないのである。再生プラン 2010 を担ってきた，いわばまちづくりの第一世代も高齢化が進んでいる。中には，観光カリスマとなった旅館グループの社長や，土産物店をやめて NPO の専従職員になった人，数々のヒット土産品を企画・販売している土産物店の経営者等がリーダーとなって住民に説明し，励まし，時には叱咤してまちづくりに取り組んでいる。まちづくりが非常に長い時間を要する事業である以上，こうした第一世代の動きを継続するために阿寒湖温泉でも「次世代育成」を真剣に考える時期に来ている。次の 10 年，つまり現在進行中の「創生計画 2020（ビジョン）」の実現である。これからのまちづくりを担う現在の 20 代，30 代，40 代を，国内・海外の観光地の視察等で鍛え，まちづくりの理念やノウハウを引き継げれば，阿寒湖温泉は当初の長期ビジョンでめざした「2 泊 3 日できるレイクサイドリゾート」として国内海外の観光客でにぎわう観光地に近づけるであろう。

写真2-1(4)　現在進行中の「阿寒湖温泉・創成計画2020〈後期計画〉」

参考文献・資料：

阿寒観光協会・財団法人日本交通公社（2003）：「温泉観光地の再生に関する実証的研究〈Ⅲ〉。」.

阿寒観光協会・財団法人日本交通公社（2004）：「温泉観光地の再生に関する実証的研究〈Ⅳ〉」.

阿寒湖温泉活性化戦略会議（2002）：「阿寒湖温泉活性化基本計画・阿寒湖温泉再生プラン」.

NPO法人阿寒観光協会まちづくり推進機構（2005）：「阿寒湖温泉活性化基本計画・阿寒湖温泉再生プラン第二期計画」.

NPO法人阿寒観光協会まちづくり推進機構（2008）：「阿寒湖温泉活性化基本計画・阿寒湖温泉再生プラン第三期計画」.

財団法人日本交通公社（2001）：「阿寒湖温泉活性化基本計画（中間報告）」.

財団法人日本交通公社（2005）：「温泉観光地の再生に関する実証的研究〈Ⅴ〉」.

財団法人日本交通公社（2006）：「温泉観光地の再生に関する実証的研究〈Ⅵ〉」.

阿寒観光協会総会資料（1999〜2004年度）.

阿寒湖温泉まちづくり協議会総会資料（2001〜2004年度）.

NPO法人阿寒観光協会まちづくり推進機構総会資料（2005〜2012年度）」.

釧路市（阿寒町）観光入込客数調査.

2. 福島県北塩原村檜原地区（裏磐梯地区）
磐梯朝日国立公園裏磐梯地区エコツーリズム推進基本計画

〔種　　別〕　基本計画
〔対 象 地〕　磐梯朝日国立公園裏磐梯地区（福島県北塩原村）
〔主　　体〕　裏磐梯エコツーリズム推進協議会（関係行政部局：北塩原村観光政
　　　　　　　策課，環境省自然環境局総務課自然ふれあい推進室）
〔策定期間〕　2003 年 4 月から 2006 年 3 月
〔計画期間〕　2006 年度から
〔特　　徴〕　環境省の「エコツーリズム推進会議」の提言により 2004（平成 16）
　　　　　　　年度から 3 カ年に亘って全国 13 地区で実施されたエコツーリズム推
　　　　　　　進モデル事業の裏磐梯地区の成果である。自治体主導による計画で
　　　　　　　はないこと，エコツーリズム推進のための計画であること，策定主体
　　　　　　　が観光・自然保護・地域づくり・学識者等の多様な立場からの参画
　　　　　　　者であること，計画策定の際に掲げた理念と方向性が現在も引き継
　　　　　　　がれていること等が特徴である。

2.1　観光計画の概要

　ここで紹介する計画は，エコツーリズムの推進に特化したものであり，エコツー
リズムによる国立公園の利用普及という観点からみれば観光関連計画ではあるが，
いわゆる自治体が策定する計画とは性格が異なっている。まず，この計画は国（環
境省）のエコツーリズム推進政策の一環で実施されたモデル事業のアウトプットで
ある。次に，事業推進主体は自治体ではなく，自治体が事務局を担う協議会であ
り，調査・事業運営・アクションプラン（基本計画）の策定・事務局補佐など実質
的な作業を進める支援機関が設置され，国から委託を受ける形で運用した。その
ような方法を採用した理由は本文中で述べる。

（1）計画策定の経緯と位置づけ

　本事例「磐梯朝日国立公園裏磐梯地区エコツーリズム推進基本計画」は，上述した環境省のエコツーリズム推進政策による2つの連続した事業「磐梯朝日国立公園裏磐梯地区環境保全型自然体験活動（エコツーリズム）推進事業」（2003（平成15）年度）と「環境省エコツーリズム推進モデル事業」（2004（平成16）年度～2006（平成18）年度）の最終成果としてとりまとめられたである。これらの環境省のエコツーリズム政策の変遷について紹介する。

　環境庁（現環境省）は1991（平成3）年より，西表国立公園（現西表石垣国立公園）を対象にエコツーリズムの開発を目的として，一連の基礎調査と実施計画，推進組織づくりを支援した。これは1990（平成2）～1992（平成4）年にかけて5つの国立公園で実施した「環境保全型自然体験活動推進方策検討調査」の一環である。この事業以後，環境省は日本のエコツーリズムの推進の国側のけん引役となり，2003（平成15）年度には環境タイプの異なる2つの公園—磐梯朝日国立公園裏磐梯地区と霧島屋久国立公園屋久島地区—を選定し，山岳型・島嶼型国立公園のエコツーリズムのモデルとするための2カ年事業を開始した。さらに2003（平成15）年度に当時の小池百合子環境大臣はエコツーリズムの全国普及を目指して「エコツーリズム推進会議」を設けて5つの推進事業を立案し，その一つとして「エコツーリズム推進モデル事業」（以下モデル事業）を2004（平成16）年より3カ年に亘り実施することを決定した。モデル事業への応募を全国自治体に呼びかけたところ，募集8枠に対して54件の応募があり，最終的に13地区が選定された。裏磐梯地区と屋久島地区は，上述の事業が先行していたことから選定地区に組み込まれることとなった。モデル事業に際して環境省は，「①豊かな自然，②多くの来訪者が訪れる観光地，③里地里山の身近な自然，地域の産業や生活文化」という3つのカテゴリーを設けて募集をし，裏磐梯地区はこのうち「②多くの来訪者が訪れる観光地」に組み込まれた。エコツーリズム推進事業の詳細は環境省HP「エコツーリズムのススメ」を参照いただきたい。

　モデル事業では，3カ年の事業メニューは地区ごとに決定することとされたが，事業期間の最終年度に「エコツーリズム推進基本計画」（以下，基本計画とする）

をとりまとめることが義務付けられた。「基本計画」には当該地域でエコツーリズムを推進するための方策が示されるものとなる。本事例で紹介するのは2005 (平成17) 年度に策定された「磐梯朝日国立公園裏磐梯地区エコツーリズム推進基本計画」である。

（2）事業と計画の枠組み

1）計画対象エリア

計画の枠組みを述べる前に，国立公園と自治体の関係について整理しておく。わが国の国立公園は自然公園法に基づいており，定義は「優れた自然の風景地を保護するとともに，その利用の増進を図り，もって国民の保健，休養及び教化に資するとともに，生物の多様性の確保に寄与する」こと（自然公園法）である。その範囲は，環境大臣が関係都道府県及び審議会の意見を聴き，区域を定めて指定することとなっているが，土地所有の有無は関係なく線引きが行われている。これを「地域制自然公園制度」と呼び，アメリカやカナダなどとは異なる指定方法で，日本の他にイタリアや韓国などが同様である。土地所有者を限定しないことから公園区域内に国有地，公有地，民有地等が混在している。磐梯朝日国立公園は出羽三山・

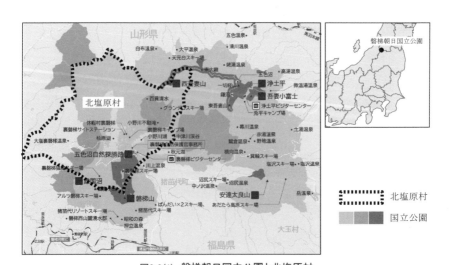

図2-2(1) 磐梯朝日国立公園と北塩原村
出典：環境省HP (https://www.env.go.jp/park/bandai/access/index.html) をもとに筆者作成。

朝日，飯豊，磐梯吾妻・猪苗代の3つのエリアに分かれ，山形県・福島県・新潟県にまたがり関係自治体は9市10町5村に及ぶ。このうちモデル事業の対象地であり，本事例の基本計画対象地である「裏磐梯」は磐梯吾妻・猪苗代エリアのうち北塩原村にかかる部分である。北塩原村からみると，国立公園がかかっているのは村域全体ではなく，村を形成する3つの地区（旧檜原村・旧大塩村・旧北山村）のうち旧檜原村に概ね相当する。国立公園と自治体の関係はこのように複雑である。図2-2(1) に北塩原村と国立公園区域のエリアを示した。

2）自治体と事業の関係

　モデル事業は，北塩原村のほぼ3分の2を占める国立公園エリア（裏磐梯）を対象とするものであった。北塩原村と国立公園とは次のような関係にある。旧檜原村の南側は，磐梯山の噴火（1888年）によって形成された，湖と湿原が一体に広がる高原台地（標高 800〜1200 m）である。不毛の大地に帰した後，1920年代からの営林署による植林や 1950（昭和25）年の国立公園指定を契機とする観光開発などによって地域振興策が講じられ，休暇村やペンション村，リゾート法によるスキー場誘致等を駆使して村外からの移住者や観光客を招き，福島県を代表する自然リゾート地に成長した。檜原村・大塩村・北山村の3村は 1954（昭和29）年に合併している。他方，旧大塩村・旧北山村は会津米沢街道筋にあたり，大塩は山塩の産地で温泉地，北山は農村地域と，裏磐梯とは環境も産業も異なっている。北塩原村役場は北山地区内にあり，役場からは喜多方市に連なる大穀倉地帯を見下ろしている。北塩原村にとって国立公園は村の重要な資源ではあるが，あくまでも村の資産の一部である。

3）事業の執行体制

　モデル事業の執行体制は以下の通りである。事業申請者は自治体（北塩原村）とし，執行機関は村を事務局とする「裏磐梯エコツーリズム推進協議会」であった。基本計画策定主体も同様である。事業予算は申請者（北塩原村）ではなく，事業の支援機関に託された。事業費が補助金ではないこと，限られた予算で効率的に事業を実施したいという環境省の意図によるものであったが，後述するような課題も提起された。

（3）上位計画との関係

　基本計画策定当時，北塩原村では観光に関する個別計画はなく，観光政策は「第三次総合振興計画」（2002（平成 14）年度）に組み込まれていた。総合計画において北塩原村は自然体験型観光による集客をめざしていたが，観光のとらえ方において環境省と村には次のような差異がある。

　① 村は，観光は地域プロモーションとマーケティングととらえ，観光政策課（当時）が立案した観光政策を観光協会や商工会，宿泊施設などが適宜受け皿となり，分配された実行予算によって運営を行ってきた。

　② 環境省のモデル事業は，国立公園である裏磐梯における資源の保全，観光振興，地域振興の循環のしくみを築くことに焦点が当たり，観光プロモーションは目的とされなかった。

　見方を変えると，モデル事業が開始されたことで一つの村に二種類の観光ガバナンスが動く結果となったのである。

2.2　エコツーリズム推進基本計画の策定

（1）策定体制・策定方法等

1）策定体制

　支援組織となった NPO 法人日本エコツーリズム協会（現（一社）日本エコツーリズム協会）は，環境省のモデル事業要項に従い，北塩原村村長を会長とする「裏磐梯エコツーリズム推進協議会」を結成し，その下に「基本計画策定検討会」，「ワーキンググループ」と「重点モデル事業部会」を設けた（図2-2(2)）。この 3 つの組織でモデル事業の実施と基本計画の策定を行った。基本計画はワーキンググループが素案を作成し，「基本計画策定検討会」でこれを検討した。計画策定は事業期間最終年度の 2005（平成 17）年度に集中して行い，5 回のワーキング会議と 3 回の検討会を開催した。この策定プロセスを図2-2(3) に示した。

2）策定方法

　モデル事業の目的は，事業期間内にエコツーリズムをできるだけ地域に根付か

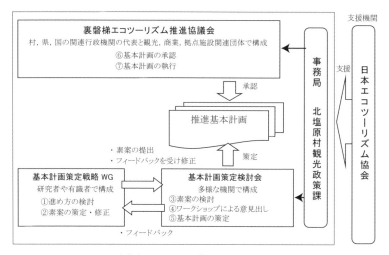

図2-2(2) 裏磐梯エコツーリズム推進基本構想策定体制
出典：NPO法人日本エコツーリズム協会・裏磐梯エコツーリズム推進協議会(2006)。

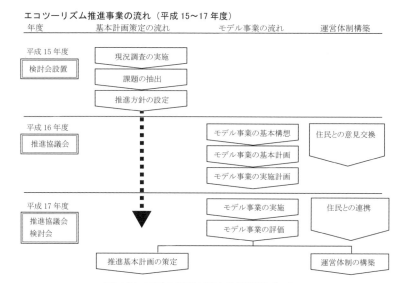

図2-2(3) モデル事業と基本計画策定プロセス
出典：NPO法人日本エコツーリズム協会・裏磐梯エコツーリズム推進協議会(2006)。

せ，一歩でも先に進めることが重視されていた。基本計画は事業期間終了時に，将来への指針となるものとしてとりまとめることになっていた。そこで，推進協議会では次の3つの方針をもって計画策定に臨んだ。

①基礎調査を踏まえて様々な「重点プロジェクト」を企画し，PDCAを繰り返して計画策定に反映すること。

②モデル事業にかかわるすべての過程を「説明会」や「ミニコミ」によって，極力わかりやすく村民や観光客に伝え，共有に努めること。

③策定検討会および推進協議会内でも結果を共有し，検討に臨むこと。

（2）プランナーの役割

本計画におけるプランナーは，環境省から事業委託を受けた支援機関であるNPO法人日本エコツーリズム協会である。実質的には同協会理事1名と助手1名が該当する。主たる役割は以下の通りである。

1〉 基礎調査の実施

2〉 研究者ネットワークの構築

3〉 アクションプランの企画・実施・運営

4〉 関係者ヒアリング，識者ヒアリングの実施

5〉 住民説明会の実施

6〉 基本計画素案および検討会，ワーキング資料の作成

7〉 検討会，推進協議会等の結成と運営サポート

8〉 事務局（北塩原村）運営サポート

9〉 事業費の管理

10〉 報告書の作成　等。

2.3　計画の内容

基本計画の構成は図2-2(4)の通りである。以下に各章の要点を述べ，とくに本計画の核となるアクションプラン（計画書3章）と裏磐梯におけるエコツーリズム発展プロセス（計画書5章）に関しては，その後の経過を含めて詳述する。

（1）裏磐梯地区の現状と課題（計画書第1章）

1）裏磐梯地区の特徴

　2003（平成15）年度には，観光入込動向調査の実施（資料分析，ヒアリング），観光者，事業者アンケート調査の実施により裏磐梯地区の観光の特徴を把握した。要約すると次の通りである。

① 磐梯山噴火後に形成された高原台地への移転・入植により1970年代に観光地が形成され，最盛期は200軒余の宿泊施設があった。北塩原村内では新興地である。

② 大塩，北山とは地理的・意識的隔たりがあり，村政も観光より農業を重視してきた。

③ 地理的には猪苗代，福島，米沢，喜多方等四方からアクセスができ，高原と湖，雪などの恵まれた自然環境と山里の歴史や文化が残り，多様な体験ができるレクリエーション地である。

④ 村が整備した全長80kmに及ぶトレッキングコースもあるなど，多様な目的での利用が可能であること等が裏磐梯の特徴である。そのため団体旅行や日帰り観光が中心で年間230万人弱の入込があるが減少傾向にある。

2）エコツーリズム推進上の課題

　ワーキンググループメンバーや住民との懇談会による意識調査や希望調査により，裏磐梯のエコツーリズム推進における課題と展望を把握した。主たる課題として，

　① 通過型から滞在型への転換を促すプログラム開発

　② 資源に関する研究の蓄積

　③ ガイド人材の育成

　④ 宿泊施設・ガイド・農業者の連携による受け入れ体制づくり

　⑤ エコツアー情報やガイド情報の提供とツアーの参加システムの整備

等が挙げられ，ほかに交通アクセス，景観，サインシステム等の向上や学校との連携によるエコツアープログラムの開発等が挙げられた。

裏磐梯地区の現状と課題（1章）

裏磐梯地区の特性
①恵まれたアクセス条件
②恵まれた自然環境と美しい景観
③山里の歴史・文化が残るユニークな土地
④多様な体験が楽しめるレクリエーションの場
⑤全長80kmに及ぶ19本向けのトレッキングルート
⑥多様な目的で気軽に訪れる観光客
⑦世代を越えたつながり

エコツーリズム推進上の課題
①資源発掘と通過型から滞在型への転換のためのプログラム開発
②資源に関する調査研究の促進と知見の蓄積
③プログラムを支える人材育成・プロガイドの育成
④宿泊業者はガイド、農業者との連携による受入
⑤エコツアー、ガイド情報の提供とブッキングシステム等の参加システムの整備
⑥自然・文化資源の保全管理のしくみ作り
⑦湖周遊循環バスの充実や路上駐車の解決など交通システムの改善
⑧高原リゾート地としての景観整備
⑨サインシステムの利用性の向上
⑩学校との連携プログラムの開発・実施

裏磐梯におけるエコツーリズム推進の考え方（2章）

裏磐梯がめざす地域像
「一歩深い自然・文化とのふれあい方を学ぶ，エコツーリズム入門国立公園」

首都圏近郊にある国立公園としての特徴を活かし，大都市から気軽に訪れる多様な志向の来訪者に，ガイドを介して一歩深い自然・文化とのふれあい体験を提供し，自然や文化資源との接し方・守り方を伝える入門的国立公園

「エコツーリズム入門国立公園」実現のために求められている課題
(1) 豊かな資源を掘り起こし，有効に活かす取り組み。
(2) 滞在型観光に結び付けるための取り組み
(3) プログラムやガイドの利用しやすさを支える情報提供システムの整備
(4) 資源の持続的活用方策の実現
(5) 地域振興につながる観光と保全の実現

課題の解決，地域像実現のための4つの柱
1 共有する
資源を掘り起こし，価値を再認識し，地域の中で認識を共有する，そして地域に伝承，保存していくことを目指します。
2 伝える
資源の素晴らしさを外の人へと発信し，来訪者との交流を促進するための伝える力を育てることを目指します。
3 守る
利用により，資源が傷つくことのないよう，裏磐梯の自然や文化を守ることを目指します。
4 興す
資源を活用し，地域の個性を活かした新たな産業を興すことを目指します。

裏磐梯におけるエコツーリズムの推進の取り組み

「エコツーリズム入門国立公園」
裏磐梯の推進

実行 / 体制づくり

目標像実現に向けたアクションプラン（3章）
1 共有する
(1) 裏磐梯の価値を共有する機会づくり
(2) 専門家の知見を共有するしくみづくり
2 伝える
(1) エコツーリズム入門国立公園の域外への発信力強化
(2) 裏磐梯の体験システムの整備
3 守る
(1) 参加型による資源管理の実施
(2) 地域全体での環境配慮型へのシフト
4 興す
(1) 地域特産品の掘り起こし
(2) 環境保全につながる新商品の開発

エコツーリズムの推進体制（4章）
①裏磐梯エコツーリズム協会（仮称）の設立
②エコツーリズム運営の財源の確保
③エコツーリズムセンター（仮称）の設置

裏磐梯におけるエコツーリズム発展プロセス（5章）

図2-2(4) 裏磐梯エコツーリズム推進基本計画全体像
出典：NPO法人日本エコツーリズム協会・裏磐梯エコツーリズム推進協議会（2006）。

（2）裏磐梯におけるエコツーリズム推進の考え方（計画書第2章）

　本計画に基づくエコツーリズム推進の最終目標像を定めるため，国立公園として裏磐梯のモデル性と，エコツーリズムに取り組もうとする北塩原村にとって他地域にはない誇りとなるものを兼ね備えたコンセプトを検討した。第2章にはそのコンセプトと解題が記述されている。「エコツーリズム入門国立公園」というキーワードは，現在もエコツーリズム協会等によって使用されている。

　一歩深い自然・文化とのふれあい方を学ぶ，エコツーリズム入門国立公園

　意味：首都圏近郊にある国立公園としての特徴を活かし，大都市から気軽に訪れる多様な志向の来訪者に，ガイドを介して一歩深い自然・文化とのふれあい体験を提供し，自然や文化資源との接し方・守り方を伝える国立公園である。

　上記の地域像を実現するために，今後裏磐梯で取り組むエコツーリズム推進のために取り組むべき活動の柱を次の4つに整理した。

　1. 共有する

　資源を掘り起こして価値を再認識する。地域の中で共有，伝承，保存する。

　2. 伝える

　資源の価値を外へ発信する。交流を促進するための「伝える力」を育てる。

　3. 守る

　利用により資源が傷つかないよう，自然や文化を守る。

　4. 興す

　資源を活用し，地域の個性を生かした産業を興す。

（3）目標像実現に向けたアクションプラン（計画書第3章）

　目標像の実現に向けた「アクションプラン」と「推進体制」を上記の4つの柱に基づき検討した。アクションプランは，エコツーリズムを裏磐梯に定着させていくためのプロトタイプとなる事業であり，各プランは住民との対話や関係者の希望などを取り入れて作成したものである。2005（平成17）年度までの事業期間内に実行に移せるものは実施し，その後に委ねたものもあった。これらを進めていくため，北塩原村内の各主体間の関係構築に努めた。とくに相互理解が不足していると思

われた環境省自然保護官事務所と観光事業者，村役場間のコミュニケーションの機会を意図して増やした。このうち多くのプランの実行主体が，基本計画策定後に設立されたNPO法人裏磐梯エコツーリズム協会に引き継がれている（表2-2(1)のE協）。アクションプラン策定時（2005（平成17）年度）と本稿執筆時（2017（平成29）年9月）時点における現状を表2-2(1)に整理した。

表2-2(1) アクションプラン一覧

アクションプラン（2005年度策定）			現状（2017年9月）
柱	大項目	プラン名	
1 共有する	共有の機会づくり	1 エコツーリズムカレッジの実施	「ばんだいの宝発見講座」として実施中（E協）
	専門家の知見を共有するしくみづくり	2 研究者・達人ネットワークの構築・活用	達人リスト構築中（E協）
		3 裏磐梯に関する文献資料のライブラリー	十分なスペースがなくE協事務局，ビジターセンターなどがそれぞれ所有
		4 エコツーリズムガイドブックなどの作成	様々な主体が地区マップ等を作成
2 伝える	域外への発信力強化	5 インターネットを使った情報提供	E協ホームページ，メールマガジン
		6 エコツーリズム入門国立公園のシンボルづくり	環境省が整備
		7 体験滞在型交流の推進	出前講座，プログラム作りを援（E協）
		8 ガイド（有償）の育成	福島県ツーリズムガイドが資格認定
		9 定期刊行物の作成・発行	2か月に1回通信を発行（E協）
	裏磐梯の体験システムの整備	10 広域でのガイドの組織化	個々のガイド団体が成長または世代交代し，組織化の必要性がない。すべてE協会員
3 守る	参加型による資源管理	11 モニタリングシステムの構築	継続実施中（E協）
		12 ガイドラインづくり	E協パンフレットに基本事項は掲載。必要性がない
	地域全体での環境配慮	13 観光施設における環境配慮方針づくり	E協会員事業所で掲示できる「宣言」を配布
4 興す	地域特産，産業おこし	14 特産品のほりおこしとブランド化	木彫りのマスコット，「守り狐」を開発し，絵付け体験や土産物に展開（E協）
		15 環境保全につながる新商品の開発	そのような活動ができる「場」がほしいと検討中

注：E協＝NPO法人裏磐梯エコツーリズム協会。
出典：NPO法人日本エコツーリズム協会・裏磐梯エコツーリズム推進協議会（2006）をもとに筆者作成。

(4) 柱となる事業

　アクションプランのうち，モデル事業期間終了後も継続して実施することが望ましい以下のプロジェクトを「重点事業」に据え，モデル事業期間早期より着手した。これらは現在も裏磐梯エコツーリズム協会によって継続されている。

　① 裏磐梯エコツーリズムカレッジ

　〈学ぶ・伝える・守る〉をコンセプトとして裏磐梯にまつわる多様なテーマを取り上げ，住民や組織，団体を講師として講座を開講するものである。2004（平成16）年度から実施し，現在は裏磐梯エコツーリズム協会が主体となって「ばんだいの宝発見講座」という名称で継続されている。

　② 研究者・達人ネットワークの構築

　裏磐梯をフィールドに研究を行う研究者や，住民の達人・名人などを掘り起こし，活用するものである。事業期間中は裏磐梯エコツーリズム推進協議会が構築していたが，研究者の招聘は予算が必要となるため，現在は「達人ネットワーク」を構築している。上記の「宝発見講座」講師をリストアップする形で継続している。

　③ ホームページの開設

　④ 定期刊行物（ミニコミ）の発行

　事業期間中に進捗状況を伝えるツールとして作成し，裏磐梯エコツーリズム協会が設立されたのちは協会通信として発行され，協会員や主要機関に配布している。インターネット配信も行っている。

　⑤ モニタリングシステムの構築

　資源を利用する傍らで，資源の状況を把握する方法として，住民参加型モニタリングシステムを2005（平成17）年度・2006（平成18）年度にわたって検討し，エコツーリズム推進事業予算では不足するため，国立公園自然保護官事務所が執行する「グリーンワーカー事業」を活用して実施した。現在も裏磐梯エコツーリズム協会が継続実

写真2-2(1)　守り狐
出典：NPO法人裏磐梯エコツーリズム協会提供．

表2-2(2)　裏磐梯エコツーリズム協会の事業費

年度	収入（円）	支出（円）	備考
平成 19 年度	901,000	901,000	エコツーリズムカレッジ事業
平成 20 年度	3,189,813	3,189,813	うつくしま基金，福島県森林環境交付金等
平成 21 年度	6,304,825	6,304,825	ふるさと雇用再生特別基金，福島県森林環境交付金，カレッジ受講料，守り狐売り上げ等
平成 22 年度	6,569,657	5,788,733	ふるさと雇用再生特別基金，福島県森林環境交付金，カレッジ受講料，守り狐売り上げ等
平成 23 年度	7,219,286	6,075,464	ふるさと雇用再生特別基金，福島県森林環境交付金，カレッジ受講料，守り狐売り上げ等
平成 24 年度	2,726,488	1,485,793	福島県森林環境交付金，地域協働モデル事業費，カレッジ受講料，守り狐売り上げ等
平成 25 年度	3,690,745	2,343,170	福島県森林環境交付金，守り狐売り上げ，カレッジ受講料等
平成 26 年度	2,445,434	1,586,230	福島県森林環境交付金，守り狐売り上げ，カレッジ受講料等
平成 27 年度	3,304,435	2,098,349	福島県森林環境交付金，沼調査委託費，守り狐売り上げ，カレッジ受講料等
平成 28 年度	8,203,253	6,943,185	福島県森林環境交付金，福島県「地域資源を活かした利雪・克雪事業」委託費，守り狐売り上げ，カレッジ受講料等
平成 29 年度	6,412,706	5,482,319	サイトステーション委託費等〈NPO 法人取得〉

施し，全国でも稀有な事例となっている。

⑥ 特産品の開発

エコツーリズムの推進を支える財源として，裏磐梯エコツーリズム協会設立後に開発された特産品が，間伐材を用いて作った「守り狐」（写真2-2(1)）である。裏磐梯土産として開発し販売しているほか。絵付けプログラムなども行い，好評を博している。

（5）予算措置

計画実施期間に移行した 2006（平成 18）年度以降の活動予算は，福島県が徴収する「森林環境税」による森林環境交付金を活用している。

表2-2(2) は，2007（平成 9）年度から 2017（平成 29）年度までの裏磐梯エコツーリズム協会の事業費である。2017（平成 29）年の NPO 法人化を受けて，財政基盤の強化に取り組んでいる。

2.4　観光計画の実施

（1）ロードマップの作成

　基本計画において，「裏磐梯エコツーリズム推進のための体制・資金整備ステップフロー」と「運営とアクションプランのステップフロー」を作成し，2012（平成24）年度以降までの概ね10年間のロードマップを示した。

　前者は検討事項として拠点機能整備，推進組織，財源，プロモーション機能，広域連携を挙げ，第0期をモデル事業期間，第1期を2006（平成18）～2008（平成20）年度，第2期を2009（平成21）～2011（平成23）年度，第3期を2012（平成24）年度以降として計画を立てた。後者は各アクションプランの進め方を論じたものである。

　各期の要諦は以下の通りである。

第1期　〈目標：福島県内におけるエコツーリズムの拠点〉

　　・エコツーリズム協会を設立し，拠点機能を確保（平成20年度）

　　・行政予算に支えられながら自主財源，事業収益，「環境協力金」の徴収，会費収入等を確保

第2期　〈目標：東北エリアにおけるエコツーリズムのモデル〉

　　・観光協会や商工会等によるエコツーリズムのプロモーション体制が拡充

　　・「エコツーリズム基金」を創設

　　・磐梯山エリア広域のエコツーリズムフェスタを開催

第3期　〈目標：日本におけるエコツーリズム推進国立公園のモデルに〉

　　・協会の活動が定着し，エコツーリズム全国大会や国際フェスタを開催

　　・エコツーリズム基金の運用による自然保護への還元

（2）計画推進体制

　計画推進にかかる体制として，基本計画策定主体である「裏磐梯エコツーリズム推進協議会」を継続し「裏磐梯エコツーリズム協会」を設立することとした。後者は予定されていた2008（平成20）年より1年早い2007（平成19）年6月に設立され，10年後の2017（平成29）年10月にNPO法人化された。推進協議会は裏

磐梯エコツーリズム協会が軌道に乗ったことを見届け，2008（平成20）年度に解散した。以後，「裏磐梯エコツーリズム協会」が計画推進と進行管理を担っている。

2.5　観光計画の評価

前項に挙げた計画策定時の検討事項とした拠点機能整備，推進組織，財源，プロモーション機能，広域連携について達成できたことは以下の通りである。

（1）拠点機能整備

裏磐梯エコツーリズム協会が設立した年より，北塩原村営の観光拠点施設「サイトステーション」の一室が事務局として有償で貸与されている。

（2）推進組織・体制

ステップフローより1年前倒し，2007（平成19）年度に裏磐梯エコツーリズム協会が設立された。これを受けて，北塩原村は「推進協議会は役割を終えた」として裏磐梯エコツーリズム推進協議会の活動を事実上停止した。

重点事業を始めとするアクションプラン群は同協会がほぼ引き継いで実施している。現在，協会は北塩原村において，地域資源掘り起こしと観光を結びつける組織として認知されており，環境や観光の両立や地域文化を生かした着地型観光商品づくりにかかわる村の政策に関する村の委託先となっている。

（3）財源確保

裏磐梯エコツーリズム協会が設立された2007（平成19）年以降は，福島県から協会に「森林環境税」を財源とする交付金が降りるようになった。また協会の自主財源として土産物「守り狐」を開発し，その売り上げや体験料，協会員の会費が収入源となっている。

ステップフローでは「環境協力金」を徴収し，基金を設立することを計画していたが，環境協力金の創設には研究が必要であり，行政の支援が不可欠である。一民間組織によって実現できるものではなく，導入には至らなかった。

（4）プロモーション活動

北塩原村は，モデル事業実施期間中，環境省モデル事業と並行して村主催「裏

磐梯エコツ―フェスタ」を毎年秋に開催し，地元メディアの協賛を得て多数の観光客を誘致してきた。「エコツーリズム入門国立公園・裏磐梯」としてのイメージの定着を図ることができたといえる。その後，同フェスタは観光協会主催の冬季の「エコナイトファンタジー」に名称を変えて継承されている。

　プロモーションは役場や観光協会との連携によって行われることが望ましいが，北塩原村は，現在日本ジオパークネットワークや日本一美しい村連合等にも加盟し，エコツーリズム以外の観光政策も取り入れており，エコツーリズムに観光政策の重点を置くわけにはいかない。また福島第一原発の風評被害による観光客の落ち込み対策も求められており，計画策定時とは異なる状況が生じている。

（5）広域連携

　裏磐梯におけるエコツーリズムの定着が，徐々に周辺市町村に波及し，環磐梯山エリアでの広域エコツーリズム圏へと展開することを予測していたが，現実としてはガイド間の連携や自治体域をまたいでのガイド活動などは実現したものの，広域でエコツーリズムの運営組織を構築するような展開には至らなかった。そのためには自治体間での連携が必要であったと考えられる。

（6）アクションプラン群

　重点事業を含むアクションプラン群は，現在も担い手を変えながら継続されている。とくにエコツーリズムカレッジは，埼玉県飯能市や長崎県佐世保市など他のモデル地区へも応用された。

（7）その他達成できたこと

　計画策定期間中には，裏磐梯にかかわる多様な主体間における対話の機会を多数設けた。推進協議会や実施してきた様々な事業が一つのプラットフォームとなり，ステークホルダー間の垣根を下げる効果をもたらし，裏磐梯での諸活動の展開にも好影響を与えた。この点は計画策定に向けて進めてきたモデル事業の最大の成果といえる。

2.6 総括─問題点と今後の展望

（1）裏磐梯地区エコツーリズム推進基本計画の意義と役割

　本計画は，環境省によるモデル事業として，北塩原村内の国立公園エリア（磐梯朝日国立公園裏磐梯地区）におけるエコツーリズムの推進を目的として策定されたものである。計画策定をもってモデル事業は終了し，計画自体は地域が動かしていけることを目標とした。策定に当たっては，現状把握と意見聴取，モデル事業を活用したアクションプランの試行などを繰り返し，検討を重ね，フィージビリティのある計画として立案されたといえる。

　策定後は「エコツーリズム推進協議会」により，計画遂行主体となる民間団体（裏磐梯エコツーリズム協会）の設立にまず力が注がれ，活動場所の確保や業務委託による活動補助などが実施された。同団体はアクションプランの実行や自主財源の確保などにつとめてきた。しかし，多様な財源の確保やプロモーション，環磐梯山エリア（北塩原村・猪苗代町・磐梯町）との広域連携など，対外的な活動やネットワークづくりを必要とする活動については同団体だけでは達成しきれていないのが実情である。一方で，少人数で地道に活動を続けている裏磐梯エコツーリズム協会の存在は住民や行政各課に少しずつ認知されており，信頼度は高まりつつある。

　総合すると，本計画を活用して裏磐梯のエコツーリズムは，組織・拠点・しくみ・活動内容を整えて推進を続けてきたといえる。

（2）計画策定・実施の主体間の課題─国と村

　冒頭に述べたように，本計画は北塩原村内の国立公園エリアが主たる対象地であり，国立公園エリアは村全域をカバーするものではない。農村地帯である北山に役場をもち，裏磐梯の人口は全村民の半数程度である北塩原村にとっては，エコツーリズムは村の主要産業の２つ（観光・農業）のうちの一方に過ぎず，環境省のモデル事業であることは村全体のメリットとは呼べない状況があった。

　それでも事業開始当初は，村事業として裏磐梯に 19 本，計 80km におよぶトレッキングコースを開発し 2000（平成 12）年には「全国エコツーリズム大会」，2001（平成 13）年には「国際トレッキングフェスタ」を開催し，村長自ら「エコツーリズ

ム宣言」をするなど，国立公園を活用したエコツーリズムによる地域振興に理解があった。モデル事業実施期間中，北塩原村総合計画では「エコツーリズム」を村の観光政策に位置づけていたのである。しかし首長交代及び総合計画改訂により，観光政策の柱はエコツーリズムや自然資源の活用，国立公園等ではなく「スポーツ合宿」に変更された。さらに現在は，東日本大震災以後の風評被害の克服のために団体旅行・教育旅行の再誘致や農業振興が課題となり，農業と観光を両輪で進めていく戦略に力が注がれている。

政策はその時々の社会的・人的環境の中で変わりゆくものではあるが，海外の国立公園とも比肩される自然環境や歴史ある里山文化まで多様な文化環境を有する北塩原村では，エコツーリズムは長い目で見た地域振興や観光振興方策として，今後も有効な戦略となるはずである。

（3）民間主導の実践型計画立案へ

国（環境省）と自治体（北塩原村）という中央―地方行政が関わった本計画は現在，住民を中心とする民間団体の手に委ねられている。今後は民間団体が関連する多様な主体と協議や協力をしながら実践を前提とした計画立案と成果の蓄積へと移行していくこととなると思われる。

参考文献・資料：

NPO 法人日本エコツーリズム協会・裏磐梯エコツーリズム推進協議会（2006）：「裏磐梯地区エコツーリズム推進基本計画～エコツーリズム入門国立公園を目指して～」.

NPO 法人裏磐梯エコツーリズム協会公式 facebook（https://www.facebook.com/eco.urabandai）.

環境省「エコツーリズムのススメ」（http://www.env.go.jp/nature/ecotourism/try-ecotourism/env/kaigi/kaigi.html）.

北塩原村ホームページ（http://www.vill.kitashiobara.fukushima.jp）.

3. 福島県いわき市小名浜地区
福島県小名浜港：1・2号ふ頭観光計画
―小名浜ビューポート推進計画，1・2号ふ頭地区観光拠点整備基本計画―

〔種　　別〕 基本計画～実施計画

〔対 象 地〕 福島県いわき市小名浜港

〔主　　体〕 福島県（担当部局：小名浜港湾建設事務所）

〔策定期間〕 1995年度から1996年度

〔計画期間〕 1997年度から2000年度

〔特　　徴〕 国の重要港湾のひとつである小名浜港の再開発にあたり，観光・景観デザインの両面から観光拠点の整備基本計画を策定。これまで物流・生産機能に特化し，一般市民が近寄り難かった港において，商業機能や文化機能の導入を機に，観光拠点の形成が目指された。約7haを対象とした観光計画（サイトプラン）であり，また景観面からのアプローチを重視した計画事例でもある。

3.1　観光計画の概要

　小名浜港は，常磐・郡山新産業都市の拠点地区として位置づけられる等，東北屈指の工業港として発展してきた。1995年当時，写真2-3(1)に示すような構成となっており，小名浜港の発祥の地でもあって古くから石炭の積み出し基地として重要な役割を担ってきた1・2号ふ頭地区については，外港部（4～7号ふ頭，東港地区等）でのコンテナターミナル整備により物流機能が低下した結果，背後都市と一体となった都市機能整備の要請が高まり，一般市民や観光客を対象とした商業機能，文化機能等を複合したウォーターフロント開発が実施されることとなった。具体的には，上位計画（ポートルネサンス21計画）[1]に基づき，1号ふ頭に旅客船ターミナルおよび海産物を中心とする飲食・物販施設「いわき・ら・ら・ミュウ」が，ま

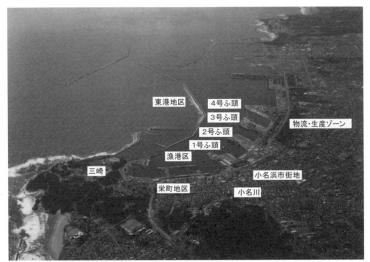

写真2-3(1)　計画策定着手時の1990年代前半の小名浜港全景
出典:福島県小名浜港湾建設事務所提供の航空写真にラック計画研究所が加筆・加工。

た2号ふ頭には福島県海洋文化学習施設(水族館)「アクアマリンふくしま」が整備される予定となり，これらを含む小名浜港全体の観光のあり方を検討しながら，1・2号ふ頭全体を観光拠点(緑地)として位置づけた整備計画を策定した。

　この観光計画は，専ら物流・工業港として機能してきた小名浜港全体において，良好な景観形成のあり方，市民・観光客のパブリックアクセスの方向性等を検討した「おなはまビューポート推進計画(港湾景観形成計画)」の策定と，それに基づき，再開発地区を観光拠点化する具体像を策定した「1・2号ふ頭地区観光拠点整備基本計画」から構成される。

3.2　観光計画の策定

(1) 策定体制・策定方法等

　全体計画と位置づけられる「おなはまビューポート推進計画」は，港湾整備担当者や港湾事業・観光事業関係者・地域住民・専門家等からなるワーキンググループ

で計画条件に関する情報を共有し，方向性を検討した上で，調査研究機関（港湾空間高度化センター（当時）・ラック計画研究所）がとりまとめ，詳細を検討し，検討委員会に諮る体制で策定した。

　具体的な観光拠点整備を目指し計画された「1・2号ふ頭地区観光拠点整備基本計画」の策定は，港湾整備主体（小名浜港湾建設事務所）を中心に関係者がワーキンググループを組成し，同事務所から委託を受けた調査研究機関である日本海洋コンサルタントとラック計画研究所が共同で行った。

（2）計画策定におけるプランナーの役割

　本計画策定におけるプランナー（ワーキンググループや検討委員会の専門家，調査研究機関）の果たした役割としては，主に以下のような点があげられる。

1）人が近寄り難かった港湾を観光対象化していく時に必要となる諸方策や整備イメージをわかりやすく提示

　物流・工業港として歩んできた港湾において，市民や観光客が自由に立ち入り，港ならではの魅力を活かした観光やレクリエーション活動を行うために，どのような問題があり，その問題を解決・調整するためにどのような考え方で再開発や景観整備を行っていくべきか，方針を明らかにした。またこれらをガイドプラン等としてまとめることにより，関係者が方向性を共有するとともに，目指すべき空間整備の具体的な方策やイメージを示した。

　特に観光や景観への意識や取り組み経験が乏しい港湾管理者，生産・物流の活動主体等と調整し，良好な観光拠点整備と周辺環境整備の計画を示し，合意形成を図った。

2）小名浜港の地形や空間特性，将来計画に基づく客観的，科学的な景観分析

　観光拠点である1・2号ふ頭地区の魅力のひとつは，そこから眺める力強く，生き生きとした港（船舶）の活動であり，あるいは背後の港町や岬等の風景であるといった，港の景観整備の基本的考え方を明確にした。その上で，小名浜港において漁港や大型船舶（客船），大型構造物（ベイブリッジ），岬といった景観対象要素を抽出し，それらの景観ポテンシャル（効果的な景観が得られる条件）を客観的な指標を用いて科学的に分析し，観光拠点整備計画に反映させた。

また物流・工業港ならではのクレーンや工場，港湾設備の眺めをテクノスケープとして位置づけ，その景観的特徴を興味深く見せる方策についても提示した。

3）良好な観光拠点を整備するための景観デザイン検討に踏み込み，設計へ橋渡し

　観光拠点整備の機能構成や空間イメージを策定するにとどまらず，それを良質な観光空間として，また市民開放空間として実現するため，空間整備のあり方について模型等を作成しながら景観デザインの視点から検討し，基本設計や実施設計へとつなげていった。

3.3　観光計画の内容

（1）おなはまビューポート推進計画の構成と内容

　1995（平成7）年度に策定した小名浜ビューポート推進計画の構成を，表2-3(1)に示す。

1）景観特性からの空間の分析・評価

　観光計画策定において本計画のように空間整備が重要検討項目となっている場合には，まずは観光資源・景観資源との視覚的関係性やアクセス条件，利用環境

表2-3(1)　おなはまビューポート推進計画の計画内容

1. 計画の概要　調査目的／調査方法／成果概要／今後の課題
2. 小名浜港の現況および将来像
3. 小名浜港の景観特性と問題点 　　小名浜港の景観的魅力／調査対象範囲の景観構成要素／小名浜港の 　　景観の現状／小名浜港の景観の問題点
4. 小名浜港の景観形成方針 　　景観形成の理念／景観形成の方針／地区別景観形成方針
5. 要となる空間の整備指針 　　5-1　重点整備地区(1・2号ふ頭地区)の空間整備指針 　　5-2　周辺地区の空間整備指針 　　5-3　臨港道路(アクセス)の空間整備指針
6. 景観形成のための推進体制・方策 　　推進体制／ガイドラインや色彩計画策定に向けて／取組段階

出典：「おなはまビューポート推進事業調査報告書」，1996年福島県他。

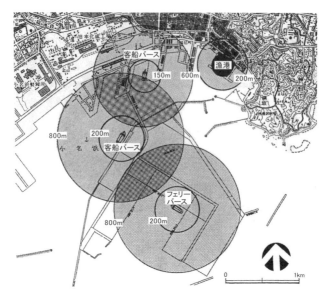

図2-3(1) 大型客船の迫力ある眺めが得られるゾーンの抽出
出典:「おなはまビューポート推進事業調査報告書」,1996年福島県他。

等によって,どこが観光的に重要な場所であるかを評価することが肝要である。本計画では,こうした景観ポテンシャル(効果的な景観が得られる条件)やアクセス条件に加え,土地利用の制約等を勘案してゾーニングし,観光方策を検討するにあたっての空間的プライオリティを明確した。その上で観光客を受け入れるに当たっての課題や空間整備の方向性をゾーン毎に設定していく作業を行った。

図2-3(1)は,本計画で行った,景観ポテンシャル分析の一例を示す。港湾ならではの景観資源として大型客船の出入港の様子や停泊風景があげられ,ここでは将来的な大型客船の停泊バースを想定しながら,大型客船を印象的な視覚像で眺められるエリアを抽出したものである(同心円のハッチングが重なる部分が重要)。

2)パブリックアクセス計画

本計画で求められていたのは,本来,市民や観光客の立ち入りを想定していない物流・工業港の一部を再開発し,観光・レクリエーションエリアの整備を計画するものである。ただし無闇に市民や観光客の立入が行われると,物流・生産といっ

第2章　地区レベルの観光計画の事例　139

た活動が阻害されるとともに，利用者の安全性も損なわれることになる。このため，利用するルートを絞りつつ，市民が良好な景観が得られ，アメニティの高い水辺に容易かつ安全にアクセスできるような条件を整えていく必要があり，こうしたルート，または権利を"パブリックアクセス"と呼び，その具体的なルートや確保方策等の計画策定を行った。すなわち観光計画の主要作業である"観光ルートの設定"に該当するものと言える。

　このようにして導きだされたパブリックアクセスルートの沿道は，観光面から景観対策のプライオリティが高いエリアと位置づけられる。

(2) 小名浜港1・2号ふ頭地区観光拠点整備基本計画

　おなはまビューポート推進計画を踏まえて，観光拠点として位置づけられる1・2号ふ頭地区再開発の計画策定（サイトプラン）を行った。

　おなはまビューポート推進計画において，観光振興上の小名浜港の空間整備方針は『ビューポートおなはま：自然の風景と集客施設，工業港特有の造形が共演する空間づくり』と設定している。対象地である1・2号ふ頭地区においても水族館や旅客ターミナル等が中心となって，魅力あるウォーターフロント空間を形成する《新たな集客機能活用の視点》とともに，海上保安庁巡視船等の係留場所として岸壁機能を持つ《現役の港湾機能活用の視点》が求められ，上記の"共演"という考え方に立脚して計画を策定した。

　なお計画策定時点において，水族館「アクアマリンふくしま」と旅客ターミナル＆飲食物販施設「いわき・ら・ら・ミュウ」の建築および外構デザインがほぼ先決していた。特に「アクアマリンふくしま」は建築物のグランドレベルが嵩上げされるとともに，特有の外構デザインをもつものであり，調整が求められた。

1）整備方針

　《新たな集客機能活用の視点》から導き出された方針は以下の3点である。

① 「いわき・ら・ら・ミュウ」（旅客ターミナル＆飲食物販施設）や「アクアマリンふくしま」（水族館）と一体となって，賑わいを創り出す。

② 市民が身近に海とふれあうことができる随一の空間であることから，海や水に親しめる多様な関係を生み出す。

③ いわき市民の一大イベントとして定着している「みなと祭」等が円滑かつ柔軟に行えるように，陸上・水面のオープンスペースを確保する。

一方《現役の港湾機能活用の視点》から導き出された方針は以下の3点である。

④ 岸壁としての機能を適切に保続するとともに，港湾施設本来のもつダイナミックな形態（直線性，人工的形状）や海上保安庁巡視船を景観対象として活かす。

⑤ 3号ふ頭等で展開される大型貨物船の接岸風景，活気ある荷役風景等，港湾ならではの眺めを演出する。

⑥ できるだけメンテナンス・フリーとする（都市公園等における維持管理レベルを想定することは難しく，地方都市の港湾緑地特有の最低限の維持管理を前提とする）。

2）利用動線計画

サイトプランにおいて重要な作業となるのが，市民や観光客の動線計画である。特に本計画の対象地は，元来，不特定多数の人の利用を想定していない物流ゾーンであり，今後観光客等に開放するに当たっても，水辺での安全確保や，現役の港湾活動との調整が不可欠であった。

前述したパブリックアクセス計画に基づきつつ，海辺のプロムナードを基軸とした1・2号ふ頭地区の詳細な利用動線計画を策定した。

3）対象地における景観特性の分析と空間整備配慮事項の整理

おなはまビューポート推進計画においては，港湾全体を対象に景観特性の評価（景観ポテンシャル分析ともいう）を行ったが，サイトプランである本計画では，1・2号ふ頭地区を対象に詳細な景観特性の整理を行った。具体的には，港ならではの躍動感のある船舶の出入りの眺めや夕陽の眺めが得られる2号ふ頭の突端部の景観優位性，および1号ふ頭と2号ふ頭の間の横バースを歩く人の視線のやりとり＝スペクテイターシップ等を重視し，空間配置計画に反映していった。

4）アクアマリンふくしま（水族館）との擦りつけ部の計画

元々のふ頭の構造や水族館の施設構造等が影響し，アクアマリンふくしまと，緑地（プロムナード）との間に高低差が生じることとなっていた。この高低差は，景観面への配慮や，憩いの場（サンセットピアパーク）としての提供といった観点か

第2章　地区レベルの観光計画の事例　141

ゾーン名	機能・構成施設・特徴
ヒストリカル・ピアパーク （1号ふ頭地区）	遊覧船の発着場やターミナルと一体となり、賑わいを生み出します。小名浜港の歴史が学習できたり、近くに船が停泊する港らしい風景を眺めることができるゾーンです。
ヒストリカル・プロムナード （1号ふ頭地区）	いわき・ら・ら・ミュウの飲食物販施設と一体となって、賑わいを生み出します。工夫を凝らした多様なイベントが開催される予定で、楽しさわくわくのゾーンです。
親水ガーデン	いわき・ら・ら・ミュウとアクアマリンパークを連携する親水プロムナードです。
シーフロント・プロムナード （2号ふ頭地区）	アクアマリンふくしまで学んだ、海の自然のすばらしさや不思議さを、五感で実体験するゾーンです。"海辺の音"のもつ魅力を楽しみ、心身をリラックスすることができます。
サンセット・ピアパーク （2号ふ頭地区）	2号ふ頭先端に位置し、三崎方面や小名浜港全体を眺められる展望ゾーンです。特に日が沈んでいく時の情緒豊かな眺めを満喫することができます。
親水テラス	階段で海面近くまで近寄ることができます。また満潮時には波が打ち寄せ、海水に手足をひたすこともできます。コーナー部分に2ヶ所設置されています。
シーサイドデッキ （2号ふ頭地区）	海面上に浮かぶ、四方を海に囲まれた休憩広場です。プレジャーボートなどを一時係留することもできます。
みなと公園	アクアマリンパークのエントランスに当たり、来訪者の集散拠点となる広場で構成されます。

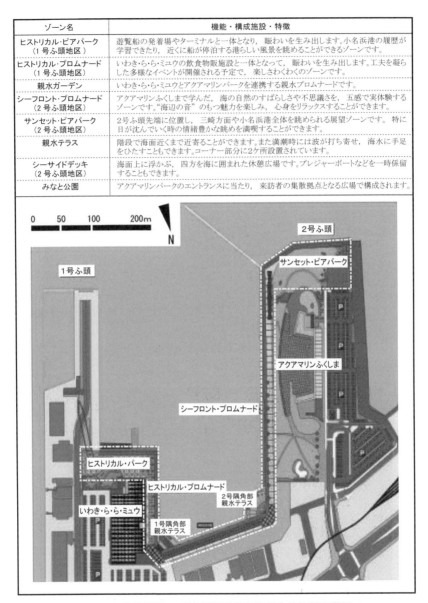

図2-3(2)　小名浜港1・2号ふ頭観光拠点整備全体施設配置図
出典：「小名浜港1・2号ふ頭地区緑地整備基本計画書」，1997年福島県。

ら，アースデザインを施す計画とした。

　以上の検討に基づき，1・2号ふ頭地区の観光拠点整備計画や景観計画をまとめ，図2-3(2) および図2-3(3) に示すような全体施設配置計画図を作成した。

　前述したように本計画においては，設定した方針に沿って水辺のアメニティを活かした，良質な観光空間，市民開放空間が実現されるように，景観デザインの検

図2-3(3)　小名浜港1・2号ふ頭観光拠点整備イメージパース
出典:「小名浜港1・2号ふ頭地区緑地整備基本計画書」,1997年福島県.。

写真2-3(2)　模型等による検討プレゼンテーション
注:製作協力者:髙谷時彦氏。

討まで踏み込んで検討を行い，設計時の指針として示している。特に港湾管理者が整備を行う予定の緑地やプロムナード部分については，基本設計，実施設計が円滑に進むように，詳細図面や模型等を作成した。

3.4　観光計画の実施

本計画に基づき，1・2号ふ頭緑地は，設計・施工・開園・運営へと事業が進捗した。プランナーが直接設計に携わることはなかったため，詳細デザインについては基本計画との離齬が生じているが，要所のデザインについては，コーディネイト役を担った。完成した緑地空間は以下のようなものである。

（1）プロムナードの実現
1）空間構成
・ 1号ふ頭上の「いわき・ら・ら・ミュウ」の飲食施設のオープンカフェ等としても使えるように，また多様なイベント空間として使えるように，できるだけ植栽やストリートファニチュアを排除し，簡潔な広場空間が形成されている（写真2-3(2)）。
・ 1号ふ頭先端から2号ふ頭先端（サンセットピアパーク）まで回遊性を確保するため，プロムナード空間としての基本構成に一体性・連続性を確保しながら，1号ふ頭部分，横バース部分，2号ふ頭部分の3ゾーンで用途にあわせて舗装デザイン，ストリートファニチュアデザインに変化をつけている。

2）舗装
・ ボードウォーク（木），土，石といった自然素材の舗装材を用いることで，風格を醸し出すことを意図した。特に水際はボードウォークが連続している。
・ 1号ふ頭（ヒストリカルプルムナード）は，港発祥の歴史的な地区であること，観光客や市民が集散したり賑わいを生み出すプラザとしての役割を担うこと等から，レンガとソイルセラミックを基本舗装材として使用している。
・ 2号ふ頭（シーフロントプロムナード）は，自然石を用いて，より簡潔かつ重厚な構成とした。

表2-3(2) 1・2号ふ頭地区観光拠点整備基本計画の計画内容

```
1. 計画条件の把握
   1-1 関連計画の概要
   1-2 関連施設の計画条件
   1-3 計画対象地の諸条件
   1-4 想定される事業スケジュール
2. 全体整備方針の設定
   2-1 基本コンセプト
   2-2 緑地が担う基本機能
   2-3 観光・動線・利用方針
   2-4 景観・デザイン方針
3. 緑地配置計画の策定
   3-1 水際線形状およびその構造
   3-2 ゾーン別空間構成および景観デザインの考え方
   3.3 全体配置計画
4. 諸施設および細部計画の策定
   4-1 舗装計画
   4-2 ストリートファニチュア設置計画1:転落防護柵, ベンチ
   4-3 ストリートファニチュア設置計画2:サイン
   4-4 ストリートファニチュア設置計画3:照明・電気
   4-5 植栽計画
   4-6 給排水および特殊設備計画
5. 利用計画(プロムナードおよび水面のイベント利用等)
```

出典:「小名浜港1・2号ふ頭地区緑地整備基本計画書」, 1997年福島県。

3) ストリートファニチュア

・ 現役の岸壁であり, また港としての履歴を残すため, 従前のボラードがそのまま活用されている。また安全性に配慮した転落防護策や, 万一の安全性に配慮した救命設備が設置されている。

・ ベンチや照明設備（フットライト）を一体化した植栽桝が設置されている。

(2) 2号ふ頭地先広場 (サンセットピアパーク)

1) アースデザイン

・ 2号ふ頭の先端部は, 海に沈む夕陽が眺められたり, 3号ふ頭等に接岸する大型の貨物船や活気ある荷役風景に出会うことができる"港ならでは"の展望地点として, 計画主旨を継承して整備された。

・ 前述したように「アクアマリンふくしま」の境界部はアースデザインがなされ, 予

定通り以下のような効果が発現された。
- 視点が高くなることにより，夕陽や活気ある港の風景を眺め易くなる。
- マウンド越し，植栽越しに貨物船やクレーン，サイロ等を眺めることにより，これらの要素をテクノスケープとして積極的に風景に取り込める。
- 平坦なふ頭の景観に変化がついた。

2）植栽デザイン
- メンテナンスフリーの展望場の形成を意図して地被類を中心とし，一部ヤマモモ等高木が植栽され，メリハリのある造園的な空間が形成されている。

(3) 隅角部の親水テラスの実現

1）空間構成
- かつての小名浜の汀がそうであったように，潮の満ち引きや波の音等を日常的に感受できるような階段状のテラスとして整備された。これは遊興空間の創出を意図したものではないが，整備後は潮が満ちてくると下段部に波が打ち寄せ，海水に手足をひたしたり，波と戯れる親子連れなどが多数みられる。
- 車椅子でも中間部まで降りられるように，スロープを設置するなどユニバーサルデザインに配慮されている。なおスロープには手すりを設置せず，テラスとしての広がりを強調した。

2）舗装
- テラスと在来の岸壁部分との接合部分は，石貼り等で調整しているが，一部在来の岸壁をそのまま露呈させることにより，港の履歴を感じられる空間が出現した。

3）ストリートファニチュア
- 転落防護策については，プロムナード部分とは異なる縦桟形式とされ，安全性が高

写真2-3(3) 計画どおり整備された親水テラス
出典：筆者撮影（2005）。

い。また手すり部分を木製として，グレード感と親水性が演出された良質なデザインとなっている。

3.5　総括

　小名浜港 1・2 号ふ頭地区観光基本計画は，実施計画レベルに近い精度で検討し，一部は基本設計に踏み込んだ内容となっている。

　港湾という特殊な空間を対象としていたため，構造面，あるいは利用面や制度面から制約も多く，こうした条件を的確に把握しながら，どこまでが制約条件となり，どこからが計画対象の要素となるか（操作可能な要素か），的確に把握する必要がある。また施設整備を主眼とした計画であったため，土木や建築の知識や経験をもつ専門家との協働作業が求められた。前述したように，実施設計段階で齟齬が生じた部分が少なくないが，全体的には港湾らしい簡潔な，けれんみのない空間が形成されたものと考えられる。

　一方，施設整備計画や景観計画に力点を置いたため，完成した緑地の活用計画やプロモーション計画までは十分検討が至らなかった感がある。

　本計画をこの事例集のひとつとして取り上げた理由は，港湾という特異な空間の再開発化を図る上で，観光計画と景観計画の両面からのアプローチが不可欠であり，こうした手法や体制が今後の観光計画においても参考になると考えたためである。

　なお小名浜港においても 2011 年 3 月に発生した東日本大震災の被害は甚大で，被災 2 カ月後に訪れた時には，本書で写真等により示した施設もほとんど壊滅といった状況であった。その後 2016 年に再訪した時には，元通りに復旧し，多くの観光客でにぎわっており，復興が進んでいることを実感した。被災地のより一層の復興を祈念する次第である。

注：

(1) 港湾を単に物流の場として利用するのではなく，国際見本市会場，国際会議場といった国際交流施設をはじめ，ホテルなどの旅客施設，港湾業務施設，レクリエーション施設，公園などを総合的に整備し，人が集まる楽しい港に造り変える国策に基づく計画。港湾物流のコンテナ化に伴い低利用化したふ頭の再開発の意味もある。

参考文献・資料：

財団法人港湾空間高度化センター（1995）：「平成6年度小名浜港ポートルネッサンス21事業化調査報告書」．

福島県（1997）：「小名浜港景観形成ガイドプラン」．

福島県いわき市（1994）：「いわき市観光振興基本構想及び基本計画策定調査報告書」．

福島県小名浜港湾建設事務所他（1996）：「おなはまビューポート推進事業調査報告書」．

福島県小名浜港湾建設事務所他（1997）：「小名浜港1・2号ふ頭地区緑地整備基本計画書」．

4. 栃木県日光市中宮祠地区
奥日光中宮祠地区活性化基本計画

〔種　　別〕基本計画
〔対 象 地〕奥日光（栃木県日光市）のうち国立公園集団施設地区
〔主　　体〕栃木県（林務部自然環境課）・日光市（企画課）
〔策定期間〕1988 年 10 月から 1990 年 3 月
〔計画期間〕1990 年度から概ね 10 年間
〔特　　徴〕栃木県と旧日光市が共同の策定主体となり，奥日光の観光拠点である中宮祠地区（国立公園集団施設地区）を再生することを目的に策定し推進した計画である。道路・駐車場・湖畔園地等の基盤施設整備を中心とした計画の主要部分は実現化したが，別途実施された観光客や住民への調査（地元大学による）により滞留時間の増加などの効果が立証された事例である。

4.1　観光計画の概要

　1980 年代の後半，栃木県の奥日光地域では，国道 120 号（いろは坂〜中禅寺湖畔〜湯元）の交通渋滞が著しく，その一方で，旅館・飲食店の施設の老朽化とサービスの低下が問題となり，また，戦場ヶ原の乾燥化等の環境問題も発生し，日光国立公園の特別地域としての適正な観光利用と地元地域の活性化が重要な課題となっていた。このため，栃木県では奥日光地域の活性化を県の重点プロジェクトとして位置付け，新規拠点施設である日光自然博物館をはじめ，マイカー乗入規制や湿原乾燥化対策等の環境保護対策，道路・駐車場・湖畔の整備など，環境改善と適正利用のための事業が進められていった。

　こうした奥日光地域活性化の中核的事業として中宮祠地区（中禅寺湖畔）の活性化が位置づけられ，栃木県と旧日光市が共同の策定主体となって基本計画を策定

したものである。計画期間は特に定めていないが，概ね10年程度での実現化を目指した計画である（主要事業は2002年度までに実施済）。なお，計画の全体は「国際観光地「日光」活性化基本計画」で，奥日光地域全体と湯元地区の計画も含まれるが，ここでは中宮祠地区の計画について紹介した。

　本事例は，国立公園の集団施設地区の再整備を進めるための計画であり，国立公園を担当する栃木県林務部（現：環境林務部）自然環境課が中心的な役割を果たしている。また，道路や湖畔（河川）を担当する土木部（現：県土整備部）も加わって県のハード事業（国の補助事業を含む）が主要な内容となっており，来訪者と地元観光事業者のための基盤整備の計画と言える。

　さらに，本事例の特徴として，基本計画の策定後，道路，駐車場，湖畔園地，統合桟橋等の施設整備が実施され計画の主要部分が実現したとともに，これらの整備の効果に関して来訪者及び住民の評価が調査されている。大学の研究室が実施した研究的な調査であるが，湖畔・駐車場等の整備により来訪者の滞留時間が増加した等の効果が明らかにされている。

4.2　観光計画の策定

　計画の策定作業は1988（昭和63）年10月から1990（平成2年）年3月までの2カ年度・1年半にわたり，初年度は基礎調査（関係資料の収集・整理，関係者の意見交換等），2年度目に計画策定を行っている。いずれも，基礎的な作業は外部機関（県内のシンクタンク）へ委託しているが，担当部局である県林務部自然環境課が様々な内部調整を行い計画策定が進められていった。

（1）計画の策定体制と主な役割分担

　計画の策定体制は，策定及び主要事業の中心となる行政側の検討体制と，地元の奥日光地域における自主的な検討体制が設けられた。

　行政側の検討体制は，学識経験者，専門家，国・県・市の関係機関，大手関連企業，二社一寺（東照宮，二荒山神社，輪王寺），奥日光地域代表者等の主な関係者が参加した最上位の検討会として「国際観光地『日光』活性化研究会」が設

置された（一般的な策定委員会と同様で，開催をもって合意とみなす会であった）。この下に「策定班」が置かれ，計画に盛り込まれる主要事業の県関係各課（林務部，土木部）の課長補佐（実務を統括するポジション）が参加し，実質的な意見交換や意向調整がなされていった。対象地は国立公園内であるが，想定する主要事業（道路・駐車場・湖畔の整備等）の多くが県の土木部に関係するため，初期段階から道路・河川等の関係各課との協調を重視して検討体制が設けられたものである。

　さらに，上記「策定班」の下に「コア・グループ」が置かれ，行政内や地元関係者に様々なアプローチを行いながら，計画策定全体の推進役を担った。

【計画の策定体制】

⊙ 行政の検討体制（県による）

・ワーキング・グループ（コア・グループ／計画全体のリード役）

　— 全体の事務，各種検討資料の作成等の計画策定作業を担当

　— 参加者：学識経験者，県担当課，委託機関，外部プランナー

　—「奥日光リフレッシュ21」の若手メンバーも協議に加わり連携。

・国際観光地「日光」活性化計画策定班

　— 実質的な協議・意見調整の場（13名）

　— 参加者：学識経験者（班長），国（国立公園管理事務所），県（企画部，林務部，土木部），市（企画），地元（奥日光リフレッシュ21），事務局（委託機関，外部プランナー）（事務局以外の構成員は研究会委員を兼ねる）

・国際観光地「日光」活性化研究会

　— 計画案を審議する検討委員会（41名）

　— 参加者：学識経験者（座長），有識者，国（環境庁，営林署），県・市（企画，林務，土木，商工等），地元（二社一寺，自治会等），関連大手企業等

⊙ 地元（奥日光地域）の関係者の検討体制

・奥日光リフレッシュ21

　— 若手グループ（経営者等）を中心とした代表者による活動組織

― 参加者：奥日光各地区の自治会，若手経営者・後継者，地元銀行支店
- 奥日光活性化シンポジウム
― 地元の関係者・住民の検討会（奥日光リフレッシュ21 が実行委員会）
― 参加者：奥日光地域の関係事業者，一般住民等
◉計画策定後の組織
- 奥日光活性化推進委員会（地元関係者の検討組織）
- 国際観光地「日光」活性化推進協議会（国・県・市・地元の合同組織）

地元の奥日光地域では，「奥日光リフレッシュ21」という若手グループ（40 歳前後までの後継者）を中心とした検討会が組織され，地域住民の主体的な議論と意向調整が行われていった。この検討会は奥日光の活性化を住民が独自に検討する場として計画策定の開始前（6 月）に設置されたもので，計画とは直接に関係しない別種の活動も行われた。

計画を策定した 1989（平成元）年度中には，地区の全員参加を呼びかけた「奥日光活性化シンポジウム」という会議が 4 回開催され（別途，湯元地区でも開催された），多くの関連事業者や一般住民が参加して議論が展開された。このシンポジウムは「奥日光リフレッシュ21」が事務局となって開催され，住民の意向が十分に尊重される体制であった。

以上の行政及び地元の検討体制は，計画策定後（1990 年度以降）に「国際観光地『日光』活性化協議会」及び「奥日光活性化委員会」という計画推進のための組織となり，以後の事業実施において協議・調整の役割を担った。

（2）計画策定の主な経緯

計画策定の主な経過は表2-4(1) のように示され，初年度に基礎調査を行って活性化の基本的な課題と関係者の認識を確認し，2 年度目に対策をまとめた基本計画を策定している。基礎調査の段階から関係者の意向調整・合意形成が重視され，前述の検討体制のもとで非常に多くの会合が重ねられていった。

1) 基礎調査での基本的課題の明確化

当時，奥日光地域では，観光シーズンの交通渋滞，中禅寺湖畔の荒廃，観光者

の滞在時間が短い，観光関連事業者の経営体質の悪化等が大きな問題となっていた。このような状況にある地域が再生するための基本的な課題は，「自然環境の保全」，「国際観光地としてグレードアップ」，「地域の活力向上」，「快適な居住環境の形成」という異なる要請に同時に応えることであった。初年度の基礎調査では，現地踏査や資料分析のほか，関係者の意見交換の場を設けながら，前述の基本的な課題を明確にして関係者の共通認識を作り出していった。初年度の実質的な目的は，計画策定のための"地ならし"であったと言える。

　ここで，「自然環境の保全」と「国際観光地としてグレードアップ」という要請は，奥日光が我が国を代表する国立公園であるという観点から生まれたものであった。

表2-4(1)　中宮祠地区活性化基本計画の策定過程の概要

年・月	行政の会議等	地元での検討会等	WG の主な作業
1986 (S61)	日光自然博物館建設開始		
1987 (S62)	知事が県議会で奥日光活性化を表明		
1988 (S63). 6		「奥日光リフレッシュ 21」発足	
1988 (S63). 10	基礎調査開始（補正予算による）		現地調査
1988 (S63). 11	●第1回研究会（主旨説明，現地視察）	（行政の検討会に参加）	関係者ヒアリング調査
1989 (H1). 2	●第2回研究会（問題点・課題の検討）	〃	
1989 (H1). 3	●第3回研究会（今後の方向性の検討）	〃	基礎調査取りまとめ
1989 (H1). 4	計画策定開始	地元講演会（活性化の必要性）	利用実態調査
1989 (H1). 5			計画素案検討
1989 (H1). 6	海外視察（スイス・レマン湖等）県・市・地元等による合同視察団		
1989 (H1). 7	○第1回策定班会議（計画骨子）		計画骨子の作成
1989 (H1). 8	○第2回策定班会議（骨子，フレーム）		夏季利用実態調査
1989 (H1). 9	○第3回策定班会議（　〃　）	◆第1回活性化シンポジウム（現状の問題点）	
1989 (H1). 10	○第4回策定班会議（湖畔・道路問題）		秋季利用実態調査
1989 (H1). 11	○第5回策定班会議（活性化計画案）	◆第2回活性化シンポジウム（活性化の考え方）	計画案作成
1989 (H1). 11	●第1回研究会（課題，計画骨子）		
1989 (H1). 12		◆第3回活性化シンポジウム（活性化計画案）	
1990 (H2). 1	●第2回研究会（計画案）		
1990 (H2). 2	＊日光を考える会（勉強会）		計画書取りまとめ
1990 (H2). 3	●第3回研究会（計画承認）	◆第4回活性化シンポジウム（今後の方針）	
1990 (H2). 4〜	計画公表／行政と地元関係者による推進体制が整備され計画実現に向けて始動		

注：●研究会＝策定委員会に相当する会議　○策定班会議＝関係機関の担当者会議（実質的な調整組織）　◆シンポジウム＝地元地区の検討会（事業者だけでなく一般住民も参加）WG＝ワーキング・グループ
出典：栃木県資料等をもとに筆者作成。

一方,「地域の活力向上」と「快適な居住環境の形成」は地元サイドからの要請であり,当時の地元関係者の中心的関心事であるとともに,行政内部にもこの点を重視する傾向が強かった。

このため,地元関係者と行政関係機関に対して,目先の経営改善による活性化ではなく,奥日光の持つ全国的な役割を果たすことで"ワンランク上の活性化"を目指すことを明確にしたことが基礎調査の重要な成果であった。これらは日光全体に共通する観点であった。

2）地区の構造改変を合意するための計画策定

1年間の計画策定では,「策定班」・「研究会」の会議及び地元の「シンポジウム」が1カ月に1回のペースで開催され,その間に,コア・グループの会議が毎月2回程度,地元でも「奥日光リフレッシュ21」の独自検討が行われた。さらに,関係者の意識の啓発を目的に海外視察（スイス等）も実施しており（平成元年6月）,多くの人と時間を投入して計画策定が進められていった。

多くの会議を開催し"手間暇を掛けた"策定プロセスは,地区活性化の基本的な方針について関係者の合意を得るためであった。後述のように,地区の構造を改変する計画案に対して賛否がぶつかることとなったため,地区住民の議論に時間をかけて反対者を少なくしていく努力がなされたものである。

策定期間中4回開催された「奥日光活性化シンポジウム」では行政からの提案を受けて住民どうしが議論を行ったが,抜本的な改変を目指す行政の案とともに,これに反対する案（現状維持を基本に部分的改良）と中間案の3案が議論されたが,結果的に行政案の賛成派と反対派に分かれる形となり,以後の事業化の段階までも引きずることとなった。

一方で,この策定プロセスでは,表向きの計画書作成のための作業と並行して次年度以降の事業化に向けた準備が進められていった。具体的には,「策定班」の会議において,主要事業（道路・駐車場・湖畔等の整備）の関係部局（土木部の道路及び河川関係課等）と段階的な協議が進められ,計画策定後には事業担当部局ごとに事業化調査が実施されていった。

（3）プランナーの役割

　計画の策定体制のコア・グループには，学識経験者（地元大学助教授），業務の委託先である県内シンクタンク，及び在京コンサルタントが外部からの「プランナー」として参加し，それぞれの役割を分担して策定作業が進められた。

　学識経験者は，全体会議である「研究会」から「ワーキング」までの座長を務め，"表の顔"としてのリーダーであった。単なるお飾りではなく，問題点の整理から方策の組み立てに至るまで論理的・技術的な観点から指導を行い，プランニングの実務面でのリーダーであった。

　シンクタンクは会議運営等の事務局であったが，一方で，地元地域と行政との間に入って連絡・調整を行うという重要な役割を担った。この連絡・調整は，地元地域の複雑な状況を整理して行政へ伝える，または，行政の意向が地元地域へ十分に伝わるよう配慮して地元関係者と協議するなど，計画策定に不可欠な合意形成のための戦略的な作業であった。シンクタンクがこの役割を担うことができたのは，そのスタッフが行政と地元銀行からの出向者であったことによる。県からの出向者は県庁内関係部局の様々な情報を入手し，また，銀行からの出向者は地元地域の事業者の経営状況等に関する情報を入手するなど，コア・グループ内での戦略検討に有効な情報が得られていた。

　シンクタンクの補佐として加わった在京コンサルタントは，計画策定作業の専門家として，基礎調査の実施，検討資料の作成，計画書案の取りまとめなど，実務的な作業を担当した。計画書案を作成するというプランニングの作業において中心的な役割を果たしたものであるが，計画策定全体からみれば"表向きの作業を担うプランナー"であった。

　学識経験者と在京コンサルタントは，計画策定の「表のプランナー」として，プランニングの各段階でアウトプットを提示していった。これに対して，「裏のプランナー」と言えるのがシンクタンクであり，さらには策定主体の県担当課（林務部自然環境課）であった。行政の担当部局は「プランナー」と呼ばれないことが多いが，本事例の県担当課は，主要関係者の合意を図りながら計画策定を実質的に誘導した「真のプランナー」である。

4.3 観光計画の内容

　中宮祠地区活性化基本計画は，奥日光という我が国でも有数の観光地の拠点地区の再生を目指した計画であり，地区の観光利用の形態を根本的に改変しようとするものであった。この改変とは，道路・駐車場・湖畔という地区の公共空間を再整備することにより，観光事業（旅館，飲食，物販，遊覧船，ボート等）の再編を促すことを狙ったもので，公共のハード先行型の計画であった。

（1）計画の構成上の特徴

　最終的な計画の構成（計画書の目次）は表2-4(2)のようであり，日光全体（旧日光市の範囲）と奥日光地域について構想（基本方針と基本方策）を示したうえで，中宮祠地区の位置づけと活性化計画を示している。この当時，日光の活性化が必要であるとの認識はあったものの観光地としての方向性が不明であったため，日光全体と奥日光地域の基本的な課題及び将来的な方向性を初めて提示したものであ

表2-4(2)　中宮祠地区活性化基本計画書の目次

```
 1. 国際観光地「日光」の現状と課題
 2. 国際観光地「日光」活性化全体構想
 3. 奥日光地域の現状と課題
 4. 奥日光地域活性化の現状と課題
 5. 中宮祠地区活性化基本計画
    5.1 中宮祠地区の現状
    5.2 中宮祠地区活性化の基本方針
    5.3 中宮祠地区活性化の基本フレーム
       (1)基本フレームの考え方
       (2)湖畔整備に関するフレーム
       (3)市街地土地利用に関するフレーム
       (4)新規の土地利用の必要性と可能性
    5.4 中宮祠地区活性化全体構想
       (1)基本的方策
       (2)段階的整備方策(1〜3期)
    5.5 道路整備計画
    5.6 湖畔整備計画
    5.7 市街地整備計画
    5.8 ソフト整備計画
    5.9 活性化の推進
    ＊報告書には「6. 湯元地区活性化基本構想」も含まれている。
```

る。全体の方針では，快適な交通システムの形成と各地区の魅力づくりを中心にして日光全体の構造を適正化することを提案している。

　地区の計画の特徴として，施設規模等の基本フレームを盛り込んでいることが挙げられる。地区が国立公園の集団施設地区であるため自然環境の保護と適正利用の観点を重視し，新たな開発を伴わない再整備（土地利用の変更や施設の再配置等）とするための各種機能の適正規模を検討したものである。具体的には，宿泊施設用地，商業施設用地，住宅地，道路，駐車場，湖畔利用施設（園地，ボート係留・保管施設等）等について必要規模を示している。既存利用をベースにした概略的なものであるが，利用可能面積が限られた地区の再整備を検討する上で重要なアプローチであったと言える。

（2）中宮祠地区活性化の主要方策の特徴

　中宮祠地区は男体山の裾野の中禅寺湖畔に位置し，いろは坂に続く東の端には華厳滝がある。この我が国屈指の観光拠点を適切な観光利用の場として再生することが計画の目的であり，湖畔，道路・駐車場，街区という三種類の基盤を一体的に再整備することで，空間利用と営業の両面から地区の形態を根本的に改変することができる方策を検討した。

1）湖畔と道路の一体的整備：湖畔を再生し人の流れと滞留を生む

　中宮祠地区の最大の問題は，交通渋滞と中禅寺湖畔の荒廃であった。奥日光の交通渋滞は現在でも有名であろうが，当時は，紅葉シーズンには必ず「いろは坂の渋滞」がテレビ放映されていた。戦場ヶ原・湯元方面と往き来する車両が中宮祠地区で交錯し，湖畔道路が数時間も停滞することが頻繁に起こった。

　一方，中禅寺湖畔の問題は，貸ボートの乗船・係留用の桟橋が無秩序に設置され，また，桟橋の周辺をボート置場や物置場として利用していたため，景観が台無しになるとともに，来訪者の自由な歩行が阻害されていた。この貸しボートは湖畔付近に立地する旅館や飲食・土産品店等が営み，店舗―（道路）―湖畔駐車場―園地―ボート桟橋までを各自の営業範囲（幅は店舗の間口幅）としていた（図2-4(1)参照）。本来は来訪者が自由に利用できる湖畔駐車場と園地を，店舗が独占的に利用した状態となっていた。さらに，一部の店舗の客引き行為があり，湖畔駐車場

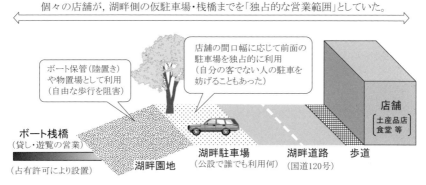

図2-4(1) 1990年頃の中宮祠地区中禅寺湖畔の状況
出典：筆者作成。

へ車を誘導することが渋滞を増す原因にもなっていた。

このような問題に対して，湖畔の再生と道路交通の改善を一体的に解決する対策が提示された。その主な内容は，通過車両の山側道路への誘導，湖畔道路のプロムナード化（快適な歩行空間を確保し一般車両の通行を規制），湖畔駐車場の廃止，山側駐車場の拡充，湖畔園地の整備，ボート桟橋の統合（貸しボート営業の共同化），湖畔水際線の修景整備であった。提案のうち，湖畔から山側への連絡道路が土地の制約から実現しなかったが，その他は概ね実現した。

2）事業スタイルの転換：来訪者の滞留に消費を期待し新たな魅力を提供

上記の対策のうち特に湖畔駐車場の廃止と桟橋の統合は，旅館・飲食店等の事業スタイル（前面の駐車場に車を止めて，店舗と貸しボートを利用してもらう）に大きく影響するものであったため，賛否両論が激しくぶつかった。ボート桟橋は，最終的には桟橋数で8割弱，事業者数で6割強が統合され，組合による営業となった。湖畔駐車場は廃止され山側の駐車場（立体駐車場）が拡張整備されたことで，山側駐車場から湖畔への人の流れと湖畔道路・園地に沿う人の流れが生まれ，事業に賛成した事業者は人の流れと滞留に対応して魅力ある店舗形成に努めていった（専門店化，旅館の飲食部門の分離等）。

4.4 観光計画の実施

活性化基本計画が策定された後，1990（平成2）年度より，県，市，旧国立公園事務所，地元等が参加した「国際観光地『日光』活性化推進協議会」が設置され，実現に向けた具体的な連絡・調整が行われた。具体的な事業化については，県の担当部局（主に林務部と土木部）ごとに進められ，最終的には約10年超の年月を経て主要事業が実現していった。これらの事業は主に県事業として進められ，環境庁（当時）の「緑のダイヤモンド事業（自然公園核心地域総合整備事業）」等の補助制度も活用して大規模な事業が実現した。

事業の具体化に伴って，湖畔駐車場の撤去やボート桟橋の統合化等の対策は現実のものとなり，関係者の利害が表面化した。一部の事業者の理解と合意が得られない状況はあったが，協議会の調整のもとで概ね計画通り実現した。

主な整備の実現化の状況は，以下のようである。

【主な整備の実現化の状況】

- 山側駐車場拡張（立体駐車場等整備）（県の自然公園担当による）

  1990～1992年度　調査（公害防止事業団の事業導入）

  1993～1994年度　計画・設計，湖畔駐車場廃止の検討（1994）

  1995～1996年度　工事（立体駐車場整備），1997年度　供用

  1999～2002年度　立体駐車場利用促進のためのPR等検討

- 道路整備（湖畔・山側）（歩道拡幅を含む）（県の道路担当による）

  1990～1992年度　調査

  1992～1996年度　計画・設計（区域ごとに順次設計・工事へ）

  1996～2002年度　工事（完成箇所は供用），2003年度　全体供用

- 湖畔・桟橋等整備（県の自然公園担当及び河川担当による）

  1990～1994年度　調査

  1995～1998年度　計画・設計，桟橋の統合に関する検討（1996～97）

  1999～2002年度　工事，2003年度　供用

※このほか，「近代遺産整備」としてイタリア大使館別荘記念公園等が整備された。

〈整備前〉 〈整備後〉

湖畔園地整備
ボート桟橋統合

湖畔：ボート桟橋が無秩序に設置され，ボートの陸置きや廃棄物の放置等により，来訪者が湖畔を楽しめない荒廃した状況であった。（筆者撮影 1990年）

湖畔には園地・散策路等が整備され，快適な空間となった。桟橋は統合整理され，共同運営となった。（一部に個人営業が残る）（筆者撮影 2000年）

写真2-4(1) 湖畔の整備前後の状況

4.5　観光計画の評価

　中宮祠地区の活性化対策に関しては，主要な施設整備の実施前と実施後に来訪者及び地区住民へのアンケート調査が行われており（宇都宮大学の研究室による），施設整備の効果が客観的に示されている。

　来訪者へのアンケート調査は，施設整備が始まって間もない1996（平成8）年の夏から，施設整備が終了し全体が共用された2002（平成14）年秋まで，4カ年にわたって5回実施され，地区での滞在状況と湖畔・道路に対する意識が同様に調査された。その結果の一部を図2-4(2)に示した。地区での平均行動距離と滞在時間の調査結果では，山側駐車場（立体駐車場）が共用された平成9（1997）年以降に行動距離と滞在時間がともに大きく増加し，駐車場整備による滞留の効果が示されている。また，湖畔に対する意識では，1999（平成11）年と2002（平成14）年に「良い」とするポイントが増加し，湖畔道路及び湖畔園地等の整備により湖畔の魅力が向上したことが示されている。

　地区住民へのアンケート調査は，計画策定後の1990（平成2）年と全体共用後の2002（平成14）年に行われている。活性化事業全体についての「満足・不満」に関する調査（2002年調査）では，「満足」と「不満」がともに40%弱である。

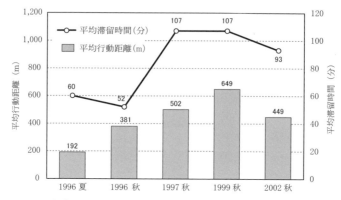

図2-4(2) 中宮祠地区の来訪者の行動距離と滞留時間に関する調査結果
出典：宇都宮大学・地域計画研究室(2002)「中宮祠地区活性化事業の事後評価に関する研究」。

「不満」の内訳には"事業への反対者に対する不満"が含まれているが，活性化対策の成果として十分ではないことが示されている。また，道路に対する意識を整備実施前と後を比較した結果では，「駐車場が不足」「歩道が不足」は大きく割合が減少し，「自動車と歩行が混合し危険」も減少しており，道路・駐車場の整備は効果が示されている。しかし，その他の混雑，誘導，バス交通，呼び込みといった項目は減少幅が小さく，十分な対策が実施されていない状況を示している。

計画策定後10年余りを経て主要な施設整備が実現して地区の環境は大きく改善し，中宮祠地区活性化基本計画は総合的な基本計画としての機能を果たしたと評価できる。上記の調査結果は，その根拠となる貴重なデータとなっている。ただし，主な整備の完了後にも残された問題も多く，現在まで活性化の努力は続けられており，さらなる検証が必要である。

4.6 総括

本事例は行政主導の施設整備中心の計画であるが，入込客数の増加を狙ったものではなく，環境の改善と観光利用の適正化のための"基盤再整備計画"である。我が国の代表的な観光地の一つである奥日光の拠点地区として，美しく貴重な自然

環境と調和した本来的な姿に再生するための計画であった。この計画の位置づけから，施設整備が概ね実現し地区の環境（空間面）が大幅に改善したという点では成功事例と言える。しかし，地区の「活性化」という観点では，成功した部分もあるが，重要な課題を残し今日に至っている。

（1）成功部分から—基盤整備の事業の重ね合わせ（総合化）

本事例で実施された施設整備は，道路，駐車場，園地，湖岸等の基盤施設の整備であり，それぞれが関連した一体的整備として計画されたものである。特に，湖畔側は，道路は道路事業，園地は自然公園事業，湖岸は河川事業と，異なる公共事業の重ね合わせによって連続した空間が整備された。一部に"やり過ぎ（造り過ぎ）"の感はあるが，整備前まで阻害されていた湖岸が来訪者に開放され，人の流れが生まれた結果は成功であったと言える。

本事例のように基盤施設の再整備が必要になっている観光地は多いと思われるが，観光計画の策定段階から関連する事業（公共・民間の事業）の重ね合わせを意識し，実現に向けた調整を継続することが重要であると言える。

（2）成功部分から—地区再生の意識向上と努力の継続

本事例の成功部分の要因として，国立公園の集団施設地区として"美しく魅力的な場所へ再生する"という認識を関係者に浸透させる（意識向上）とともに，やり遂げる努力が継続されたことが挙げられる。

関係者の意識向上に関しては，特に地元住民に対して強い働きかけが行われた。例えば，策定時には月1回以上のペースで会議が開催されるとともに，リーダー的存在の関係者らによる海外視察も行われた。全体は行政主導の観光計画であったが，住民が意識を高めて活性化に主体的に取組むことが不可欠であるとして，計画策定の初期段階から住民の意識向上策が実践されたものである。

策定から実施までの活動に関しては，県の行政スタッフが積極的に行動したとともに，地元の若手グループや活性化組織，また，学識経験者や県内シンクタンクが，10年超に及ぶ期間中に途絶えることなく連携した活動を継続した。計画策定から実施までのプロセス全体が重視された結果である。

（3）課題部分から―個々の事業者への支援をどう組み込むか

本事例が活性化の観点で課題を残した要因として，個々の事業者への対応が不十分であったことが挙げられる。前述のように，本事例は基盤施設の再整備を中心としており，事業者への直背的支援に関しては計画策定時には十分な検討が行われなかった。また，行政の商業部門（当時の県観光課を含む）との連携も十分ではく，事業者の自助努力が期待されていたと思われる。

しかし，当時の奥日光地域の事業者は総じて経営基盤がぜい弱で，かつ，計画策定後にバブル経済が崩壊したこともあり，自助努力で経営再建を果たした事業者は多くなかった。中宮祠地区でも，数軒の旅館が廃業している。

行政の再整備が進む中で，業態の変更や店舗を改築など積極的な対応もあったが，それまでの営業スタイルを変えず事業に反対し続ける事業者もいた。観光拠点の活性化対策ではあったが，観光事業者への活性化支援という点では課題を残した。観光地全体の魅力が向上することと，個々の事業者が活性化していく条件を整えることを同時に実現するという重要な課題である。

（4）課題部分から―次の展開を仕掛ける必要性

計画策定から全体の整備が終了するまで10年余を要したが，地区活性化の主要な事業はこれで終了した。県の役割は一段落し，市及び地元地域が主体的に活動すべき段階となったものであるが，残念ながら目立った動きがないまま今日に至っている。本事例は県主導で期間限定の特殊な計画ではあるが，県の努力を引き継いで日光市と地元地域が主体的に取組んでいくことが期待される。

一方，地元の若手と呼ばれていた人々も年齢を重ね（現在は60歳以上），彼ら自身が後継者に次を託す年齢となった。しかし，現状は，20数年前に活躍した若手と同じように熱意を持った後継者は育っていないと聞く。

一つの観光計画には終わりがあるが，地域の観光振興に終わりはない。常に継続する努力が欠かせないこと，次の計画へつなげることが重要である。

参考文献・資料：

宇都宮大学・地域計画研究室（2002）:「中宮祠地区活性化事業の事後評価に関する研究」.

栃木県（1989）:「国際観光地『日光』地区活性化事業基礎調査」.

栃木県・日光市（1990）:「国際観光地『日光』活性化基本計画（調査結果）」.

栃木県林務部（2003）:「日光国立公園奥日光地区事例紹介（国際観光地『日光』活性化対策事業『てくてく歩こう奥日光』整備状況）」.

第3章　広域レベルの観光計画の事例

1. 県の計画—青森県
青森県文化観光基本計画—人間性の復活をもたらす日本国のふるさと—

〔種　　別〕基本計画（ビジョン，構想を含む）

〔対 象 地〕青森県

〔主　　体〕青森県（担当部局：青森県商工労働部文化観光推進課（当時））

〔策定期間〕1997 年度から 1998 年度

〔計画期間〕1999 年度から 2008 年度

〔特　　徴〕青森県文化観光基本計画（以下，本文では「本計画」とする）は
1997 年 8 月に当時の県知事木村守男氏からの諮問を受けて青森県
観光審議会（後に青森県文化観光審議会）が 1999 年 2 月に答申し，
県計画として位置づけられたものである。この間，1998 年 7 月に三内
丸山遺跡において青森県知事が「青森県文化観光立県宣言」を発し
た。最大の特徴は「文化観光（立県）」という概念を県知事が主導的
に提唱し，その具体化を基本計画として図り，示したことにある。

1.1　観光計画の概要

（1）観光基本計画策定の流れと青森県文化観光基本計画策定までの経過
1）第 2 次青森県観光基本計画と青森県観光総合評価調査

　青森県は，東北縦貫自動車道青森線の全線開通，青森・三沢空港の県内 2 空
港あわせたジェット化，そして 1988 年 3 月の青函トンネル開通・供用開始等々，青
森県を取り巻く交通体系の大きな変化を踏まえて，それまでの県観光基本計画（1981
年 3 月）を改定し，改定青森県観光基本計画を 1988 年 4 月に策定，発表した。

ただし，その計画目標年次は1990年であり，青森県は改めて1991年度から2000年度までの10カ年を計画期間とする第2次青森県観光基本計画を発足させた。当時の県知事は北村正哉氏である。

この第2次青森県観光基本計画の策定作業と並行して，青森県では1989年度より2カ年をかけて「青森県観光総合評価調査」を財団法人日本交通公社（当時）に委託して行った。この調査は，「現在の青森県の観光資源・施設等について，公平な視点から総合的な調査，分析，評価を行い，青森県の観光をより計画的，体系的に発展させていくために取り組むべき課題を明らかにしていくための事業」として実施したもので，以下の点が大きな特徴であり，従来にない，また全国の他の都道府県にも類例のない，画期的な調査であった。

・全県67市町村すべてを対象とし，市町村行政観光主管課へのヒアリング・現地調査・アンケート調査を行うなど，きわめて大規模，文字通りの総合的な調査であったこと。
・現地調査の対象も観光資源・レクリエーション施設に留まらず，宿泊施設，土産品店，飲食店等，観光関連すべてを網羅したものであること。
・現地調査の対象は，観光資源275件，レクリエーション施設88件，宿泊施設213件，土産品店21件，飲食店53件，その他31件と，実に681件に上ったこと。
・個々の観光資源・レクリエーション施設については，「問題点」と「改善方向」を指摘し，報告書に含め，市町村にフィードバックしたこと。
・宿泊施設に対しては調査終了後に「改善意見」を付して，個々の施設にフィードバックしたこと。
・アンケート調査の対象件数は2833件（回収率51％）と，これも大規模であったこと。
・市町村行政観光主管課へのヒアリング・現地調査にはすべて担当の県職員が同行し，（調査委託者として当然とは言えるが）主体的に関わったこと。

2）第2次青森県観光総合評価調査

青森県ではそれまでの北村氏（4期）を選挙で破った木村氏が1995年2月に知

事に就任している。その木村知事の下に，第2次青森県観光基本計画に代わる新たな観光基本計画として1997年度より本計画の策定作業が始まることなる。

そしてこの作業と並行して，前述の（第1次）青森県観光総合評価調査を受けて，同年度に「前回調査以降県内各地において展開・推進された様々な観光関連の整備・演出施策を踏まえて，さらに青森県の観光の振興を図るために解決していかなければならない課題を明らかにすることを目的」として，第2次青森県観光総合評価調査を前回同様に財団法人日本交通公社に委託して行った。

この調査では県内全市町村行政観光主管課へのヒアリングの他に，観光資源169件，レクリエーション施設78件，宿泊施設42件，土産品店29件，飲食店17件等，計335件を対象に現地調査を行い，問題点・改善事項を把握している。

こうした詳細な調査により，翌1998年度より推進されていく文化観光立県の基盤づくりに向け，個々のレベルで観光資源・施設，観光地の課題摘出，整備方向性を明らかにした。

（2）観光計画の概要

本計画は基本構想と基本計画から構成される「2層構造」の計画である。

新青森県長期総合プランを上位計画とする文化観光部門計画であり，文化観光立県の推進方向と，その基本施策を明らかにしたものである。

すなわち，青森県の恵まれた自然と地域の風土に根ざした豊かな文化を活かした文化観光の振興により，経済・文化の活性化の推進と，青森県を訪れる人々の心に潤いを与え，「人間性の復活をもたらす日本国のふるさと」を目標像に掲げた。

この実現に向け，施策の基本方向として，「感動と知的充足感を与える文化観光」「快適さとゆとりを与える文化観光」「憩いと安らぎを与える文化観光」「訪れる人々を温かく迎える文化観光」「観光産業を活性化する文化観光」という5本の柱を立てている。

また上述の新青森県長期総合プランにおいて県内を3圏域に区分し，その圏域の形成方向を示していることから，本計画でも青森・弘前圏域，八戸圏域，下北圏域と3つの圏域を設定した。

たとえば青森・弘前圏域においては「青森市や弘前市における歴史・文化資源を

活用した都市型観光の魅力強化と自然景勝地の美化・景観の見せ方の工夫による
イメージアップ，圏域内に多くみられる温泉地の情緒づくりを促進します」など圏域
としての振興方向を打ち出し，基本計画に定める諸施策を推進することとしている。

1.2　観光計画の策定

（1）策定体制・策定方法等

　本計画は前述のとおり 1997 年 8 月に当時の県知事からの諮問を受けて青森県観
光審議会（後に青森県文化観光審議会）が 1999 年 2 月に答申したものである。諮
問から答申まで延べ 4 回の審議会が開かれた。具体的な計画策定作業は策定業
務を県より受託した財団法人日本交通公社が担い，直接的な業務委託者である青
森県商工労働部文化観光推進課との協働作業により進められた。

　この種の計画策定には何らかの形で有識者等が関わる「計画策定委員会」が設
けられることが多いが，本計画の場合は青森県観光審議会がその任を担っている。
同審議会での検討経過を記すと次のようである。

① 第 1 回青森県観光審議会（1997 年 8 月開催）

・本計画の策定が諮問された。

・これに先だって，県内の官民各種観光振興関連団体代表者等から構成される
　青森県文化観光立県推進会議において文化観光立県推進の検討が行われた。

・同審議会の下に本計画検討小委員会が設けられ，同年 11 月に骨子（基本方向
　および施策内容）の検討が行われた。

② 第 2 回青森県観光審議会（1998 年 1 月開催）

・骨子（基本方向および施策内容）の検討が行われた。

・これに先立ち，青森県文化観光立県推進会議からの提言があった。

③ 第 3 回青森県観光審議会（1998 年 3 月開催）

・骨子案を修正した素案の検討が行われた。

・これに先だち，青森県文化観光立県推進会議により本計画の重要な部分を占
　める県民運動の展開が提唱され，また前述の第 2 次青森県観光総合評価調査

の報告が県に対して財団法人日本交通公社から行われ，その結果も素案に盛り込まれた。

④ 第4回青森県文化観光審議会（1999年2月開催）

・第3回青森県観光審議会の後，市町村および県庁内関係各課からの意見・要望の取り纏めがあった。

・また，1998年7月に文化観光立県宣言が発せられ，1999年1月には青森県文化観光立県推進会議に設けられた専門部会からの検討結果報告も行われている。

・こうした経緯を経て第4回青森県文化観光審議会で答申案を検討，同月に県知事に答申されている。

・その後，同年3月に県としての本計画の決定がなされ，同月に県庁庁議報告が行われた。

（2）プランナーの役割

本計画の原案策定は，前掲の第1次青森県観光総合評価調査，引き続き第2次青森県観光総合評価調査業務を主として担った財団法人日本交通公社調査部地域調査室が主導的に行った。

本計画における「プランナーとしての役割」という意味では，まずは「文化観光」という知事が打ち出した概念をいかに意味づけ，県レベルの観光基本計画として具体的に落とし込むかというところの論理構築が大きかった。「文化観光」を英訳すれば「Culture tourism」であり，「文化を対象とする観光」となる。しかしそれでは歴史文化・生活文化のみならず，十和田湖をはじめとする青森県の魅力ある，豊かな自然系観光資源の保全・活用をどうするかといった，県の観光振興を図る上での大きな計画課題が抜け落ちてしまう。

そこで端的に言えば，「青森県ならではの歴史文化・生活文化も，その恵まれた自然風土の下で形成されてきたもので，地域の文化と自然は一体である」として，「文化観光基本計画」として扱う領域は「文化」および「自然」とした。

この意味づけが，本計画策定においてその基盤となる次の記述につながる。長くなるが，重要な部分であることから本計画書から引用して表3-1(1)に紹介する。

表3-1(1) 青森県文化観光基本計画の基本理念

〈第1編 基本構想　第2章 文化観光振興の基本方向
　第1節：文化観光立県の推進　1.文化観光立県の基本理念〉
　　　観光は，自然，歴史，文化等の資源を活用することにより，地域の文化の再発見，
　　創造をとおして，よりよい地域づくりに貢献するものであります。（中略）このよう
　　な観光の持つ意義，人々の価値観を踏まえ，本県の風土に根ざした豊かな文
　　化をはじめとした優れた特性を活かし，次の基本理念に基づいて文化観光立県
　　を推進します。
■**文化観光立県の基本理念**
　1. 21世紀の新たな観光の姿として，青森県を訪れる人々に知的充足感，心の豊
　　かさ，感動を与える，文化性を重視した観光を目指します。
　2. 県民一人ひとりがふるさとの自然や文化を見つめ直し，自分たちの住むまち，
　　そして青森県に訪れる人々を，自信と誇りをもって，温かく迎える意識を高めます。
　3. 先人の残した豊かな自然，文化遺産に感謝しつつ，人と人とのふれあいや文
　　化と文化の交流を通して感性と創造性を高め，未来を切り拓いていくことを志し
　　ます。

　次に，本計画はたとえば「歴史・文化遺産の保存と整備・演出」を謳う施策にお
いて，「①三内丸山遺跡の整備，亀ヶ岡遺跡，是川遺跡等縄文関連遺跡の整備（中
略）」また「自然資源の保全・活用と魅力強化」を扱った施策では「①春もみじ（紅
葉）と新緑の美しさは「青い森」青森県でこそ（中略）」等々，県内に賦存する様々
な資源に目配せして，相応の評価の下にそれぞれ県の観光振興に資する整備・演
出施策としてかなり具体的に明示している。

　県レベルの基本計画ではせいぜい「方向性」を示すに留め，具体的な施策レベ
ルまでの言及は控えるのが適当との考え方もあるが，本計画はそうした立場をとら
ず，「例示」ではあるが具体的な施策まで踏み込んでいる。これは本計画策定を
担ったプランナーが第1次青森県観光総合評価調査および第2次青森県観光総合
評価調査業務を担当し，県内の各種資源，また観光事業者等の状況を熟知してい
たからできたことである。詳細かつ的確な現状分析と課題の明確化は計画策定の
必須条件であり，そうした作業に基づいた計画策定こそがプランナーに求められ
る。これは対象地域が広域にわたる県計画の場合も当然と言える。

第3章　広域レベルの観光計画の事例　171

1.3　観光計画の内容

（1）青森県文化観光基本計画の構成

本計画の構成について「編・章・節」レベルで計画書の目次は，表3-1(2) のとおりである。

（2）青森県文化観光基本計画の内容

本計画の内容を目次構成にしたがって次に紹介する。

1）序章　基本計画策定に当たって

すでに述べているように1998年7月に県知事より発せられた文化観光立県宣言が冒頭に記載されている。ここが県レベルの観光基本計画としては異色なところである。その上で，「文化観光立県を実現するためには，宣言の趣旨を県民が広く認識し，積極的かつ着実な取り組みが必要であることを踏まえ，今後の推進に向けた基本方向と，その基本施策を明らかにするために策定するものです」という基本計画策定の趣旨が記されている。次いで新青森県長期総合プランを上位計画とする文化観光部門計画であること，県における文化観光行政の基本指針であることといった基本計画の性格が明示され，その上で計画期間，計画の構成（基本構想と基本計画の2層構造），計画の実効性を高めていくために不可欠な計画の進行管理について記載されている。

以下，「章」単位で計画に記載された事項を記す。

2）第1編　基本構想

① 第1章　観光動向の変化と青森県の観光資源特性

・観光の動向，国際・国内観光の動向，青森県の観光動向について分析・記述。

・観光に対する志向の変化について記述。

・市場ニーズの変化に対応した青森県の特徴ある観光資源を整理，記載。

② 第2章　文化観光振興の基本方向

・文化観光立県の基本理念および県民運動として展開することの重要性を記述。

・感動と知的充足感を与える文化観光，快適さとゆとりを与える文化観光，憩いと安らぎを与える文化観光，訪れる人々を温かく迎える文化観光，観光産業を

活性化する文化観光として，文化観光振興へ向けた5つの基本的な方向性を提示。

・県内を3つの県域，すなわち青森・弘前圏域，八戸圏域，下北圏域に区分し，それぞれの振興方向性，さらに青森県が北東北知事サミットの開催など広域連携で重視してきた北東北三県の連携の重要性を記述。

③ 第3章　基本目標

・文化観光立県の目標像（前述）を示し，その実現と連動させて計画最終年度

表3-1(2)　青森県文化観光基本計画の目次

●序章　基本計画策定に当たって
●第1編　基本構想
　第1章　観光動向の変化と青森県の観光資源特性
　　第1節　観光の動向
　　第2節　観光に対する志向の変化
　　第3節　青森県の観光の特徴
　第2章　文化観光振興の基本方向
　　第1節　文化観光立県の推進
　　第2節　施策の基本方向
　　第3節　圏域の振興方向
　　第4節　広域連携による振興方向
　第3章　基本目標
　第4章　基本計画の推進
　第5章　全県的な推進体制の充実
●第2編　基本計画
　第1章　感動と知的充足感を与える文化観光
　　第1節　歴史・文化資源の保存・活用
　　第2節　豊かな自然資源の保全・活用
　　第3節　芸術文化の振興
　第2章　快適さとゆとりを与える文化観光
　　第1節　快適に利用できる環境の整備
　　第2節　自然・文化に触れる環境の整備
　第3章　憩いと安らぎを与える文化観光
　　第1節　安らぐ環境の創造
　　第2節　都市観光の推進
　第4章　訪れる人々を温かく迎える文化観光
　　第1節　青森県の魅力の情報発信
　　第2節　国際観光の推進
　　第3節　観光客を温かくもてなす
　第5章　観光産業を活性化する文化観光
　　第1節　観光産業の活力と魅力の向上

において目標とする振興効果を入り込み観光客数，宿泊客数，観光消費額，経済波及効果を指標として記述。

④ 第4章　基本計画の推進

・県民に期待される役割や県が担う役割など，それぞれの主体が担うべき役割を明示。

⑤ 第5章　全県的な推進体制の充実

・青森県文化観光立県推進協議会の活動の充実の必要性を記載。

3）第2編　基本計画

① 第1章　感動と知的充足感を与える文化観光

・縄文遺跡等々の歴史・文化遺産の保全と整備・演出，郷土色豊かな祭り等の青森県の生活文化の強調，農林漁業や地場産業や青森県が輩出してきた文化人に着目した各種資源・素材等の見せ方の演出に関わる施策を記載。

・春もみじや，新緑，十和田八幡平国立公園等々の自然資源の保全・活用と魅力強化，白神山地や八甲田山等におけるエコ・ツーリズムに対応した受け入れ体制の整備に関する施策を記載。

・芸術文化を楽しみ，創造できる環境づくり，国際的な交流文化イベントの開催促進を記述。

② 第2章　快適さとゆとりを与える文化観光

・バリアフリーなど，すべての来県客が快適に利用できる環境づくりに関する施策を記載。

・交通条件・基盤の整備，広域観光ルートの形成，観光案内・ガイド機能の整備をとおして観光客が自然・文化に触れることができる環境の整備，環境美化の推進について記載。

③ 第3章　憩いと安らぎを与える文化観光

・温泉街の整備と温泉情緒の醸成，家族でアウトドアレクレーションや農山漁村生活体験等を楽しむことができる「ファミリーリゾート」の整備など，安らぐ環境の創造について記載。

・都市観光の推進に向けた都市観光機能の整備・演出や，コンベンション都市

としての魅力づくりについて記載。

④ 第4章　訪れる人々を温かく迎える文化観光

・観光イベント・キャンペーンをとおした青森県の魅力の情報発信を記載

・国際観光 PR の推進，外国人観光客の受け入れ体制の整備，国際コンベンションの誘致と交流の推進を記載。

・観光関連業界の意識改革と接客サービスの向上，担い手の育成，県民ぐるみのホスピタリティの向上等の観光客を温かくもてなすことに関わる施策を記載。

⑤ 第5章　観光産業を活性化する文化観光

・観光産業の魅力づくりと他産業との連携強化，青森県の観光振興に必須のオフシーズン対策等の産業基盤の強化など，観光産業の活力と魅力の向上について記載。

1.4　観光計画の総括

　本計画の作りそのものは一般によくみられる 2 層構造の計画であり，基本計画という性格から（観光政策・施策領域では）これもよくあるように網羅的な計画内容となっている。

　しかしすでに指摘してきたように，計画の基底に県知事自らが提唱した「文化観光」という概念があり，同時にその概念に則った「文化観光立県宣言」が計画策定過程の中で行われ，さらにその概念を計画として具体的に落とし込んでいったところに大きな特徴があり，異色な計画（策定作業）であったと言える。

　図3-1(1) はこの文化観光立県宣言と本計画との関係性，そして本計画の全体像および推進フローを示したものである。

　「文化観光」振興の提唱者である木村知事は任期半ばにして 2003 年 5 月に辞任した。地方自治体の行政計画の基本的な内容の意味づけは長期総合ビジョンをはじめ観光基本計画も首長の意向に拠るところが大きい。したがって首長の交替により大きな影響を受ける。それは，制度上，わが国の地方自治体の首長は直接公選の「大統領制」を採ることからやむを得ないことである。本計画も県知事の交替

第3章 広域レベルの観光計画の事例 175

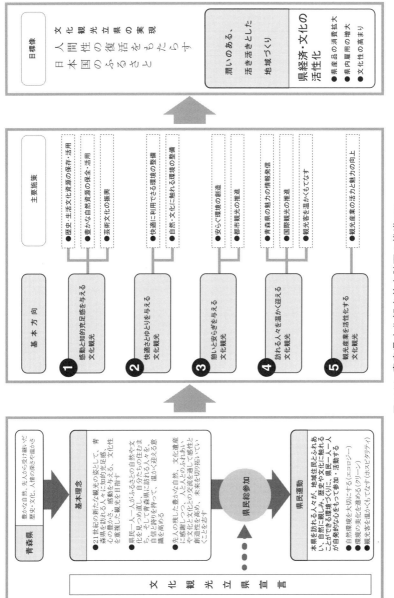

図3-1(1) 青森県文化観光基本計画の推進フロー
出典:「青森県文化観光基本計画」(青森県)。

により計画期間途中にして「消滅」の運命をたどることとなる。

　しかしながら，本計画で示されている「基本方向」は経済・社会環境の変化，観光レクリエーション市場ニーズの変化を展望しつつ中長期的スパンから策定されているものであり，これが「消滅」することはなく，その後，「記述の仕方・表現」が異なることはあってもこの「基本方向」の主旨は以降も青森県の観光政策・行政において継続されていく。

　本計画で例示的に取り上げられている施策についても計画策定時点においてすでに着手している施策や予算措置がなされている施策，市町村が取り組んでいる施策に対する県としての支援施策などは本計画策定後に実施されていく。

　とりわけ本計画においては基本計画の性格上，他の施策と並列的に位置づけられてはいるが，他の都道府県に比して青森県の比較優位ともいえる特性を踏まえた施策，たとえば縄文遺跡等々の歴史・文化遺産の保全と整備・演出，郷土色豊かな祭り等の青森県の生活文化の強調，白神山地や八甲田山等におけるエコ・ツーリズムに対応した受け入れ体制の整備等々は現在でも着実に実施されている。

参考文献・資料：

青森県（1988）：「改訂青森県観光基本計画」．

青森県（1991）：「第2次青森県観光基本計画」．

青森県（2007）：「青森県文化観光基本計画」．

財団法人日本交通公社（1991）：「青森県観光総合評価調査報告書」．

財団法人日本交通公社（1998）：「第2次青森県観光総合評価調査報告書」．

2. 海外事例―中国・海南島
中国・海南島：中華人民共和国海南島総合開発計画

〔種　　別〕基本計画（構想計画に相当）

〔対 象 地〕中華人民共和国海南省（計画着手時は広東省海南行政区）

〔主　　体〕日本国国際協力事業団（現，独立行政法人国際協力機構）

　　　　　　（担当部局：社会開発部（当時），中国側：国家計画委員会国土局・

　　　　　　広東省国土局・海南行政区中日合作編成総合開発計画弁公室）

〔策定期間〕1985 年 5 月から 1988 年 5 月

〔計画期間〕1986 年から 2005 年

〔特　　徴〕本計画はわが国の経済技術協力によって実施された。海南島は中国
　　　　　　最南端の島で総面積が 3.3 万 km²，ほぼ九州の面積に匹敵する。計
　　　　　　画エリアの規模ではわが国の「地方レベルの観光開発計画」に相当
　　　　　　する。この計画の特徴は改革開放のシンボルとして「沿海部開発，か
　　　　　　つ経済的な後進性の克服」という政治経済的任務が込められており，
　　　　　　一方，わが国の経済協力政策上の特徴としては個別案件の技術協力
　　　　　　―経済協力への推進とは別に「地域総合開発計画」という分野の実
　　　　　　績を積み重ねるという目的もあった。この頃，経済技術協力の案件で
　　　　　　はビジネスセクターに属するという理由で「観光」という文言は忌避
　　　　　　されることが多かったが，本計画では一つの章を設けて「観光開発
　　　　　　計画」が正面から取り上げられることとなった。

2.1　観光計画の概要

　1980 年代の中国は胡耀邦，趙紫陽という指導者のもと中国は経済改革に取り組
んだが，その目標のひとつに地域間格差の是正があった。当時の海南行政区は広
東省内でも後進性が顕著な地域であり，中国政府の要請によって日本国政府は海

南島の総合開発計画の策定を行うことになった。

計画策定は国際協力事業団による技術協力によって実施された。従って，計画の策定主体は日本政府，計画のフィールドは中国海南島というやや特殊な性格を持つ。

計画はあくまで総合開発計画であり，土地利用，都市開発，農村開発，エネルギー，鉱業開発などと並んで観光が分野の一つとして取り上げられた。

その背景には中国政府や海南行政府の国際観光開発による外貨獲得という希望が非常に強かったためである。

本計画は策定の構造の特殊性に特徴がある。策定作業の主体は，財団法人国際開発センターを中核として民間コンサルタントや学識経験者によって編成されたチームであるが，日本側における「作業監理委員会（複数の行政組織担当者や学識経験者）の監査や指導を受け，さらには中国側（中央・地方政府）の合意をもとに進める，という進行の体制，及び監理システムが形成された。

観光分野は殆ど観光利用実態がなく，わが国に於ける観光計画と異なって様々な与件の介在もないため計画論の適用環境に恵まれていた。また，計画対象がほぼ九州に匹敵する広大な地域であり，事例として貴重である。

2.2　観光計画の策定

（1）策定体制・策定方法等

本計画における調査チーム全体の構成は以下の通りであり，観光部門以外にも地域計画，基盤整備，交通，農林水産業，都市計画等の各種分野の専門家が加わった。

［調査チームの構成］

団長・副団長（地域計画を担当）・運輸経済基盤・財政投資・農業・土地利用・畜産・水産・林業・鉱工業・鉱物資源・観光・都市農村計画・地区計画・港湾・道路・水資源・治水利水・エネルギー・電力などの専門家で構成され，中国政府からは観光を重点分野の一つとして取り扱うよう，要請があった。

（2）5回の調査報告

本事例における調査・検討作業は，1985年7月から第1次事前調査，1985年12月から第2次事前調査，1986年1月から1987年1月まで本格調査を行い，1988年5月に最終報告書を提出している。報告書は，第1次現地報告書，第2次現地報告書，中間報告書，第3次現地報告書，最終報告書の5冊を数える。それぞれ，とりまとめ段階での国家計画委員会国土局や海南行政区カウンターパートとの協議を踏まえ，JICA作業監理委員会への報告と承認に基づいて提出した。

（3）プランナーの役割

本事例において，観光のプランナーの役割は以下のようであった。

- 観光が地域総合開発に資する部門であることの理解促進を図る
- ビジネスセクターであると同時に国土や社会の形成に貢献することの周知
- 広大な地域の観光利用に整序をもたらすこと（当時は交通や情報基盤の未達のため，あらゆる分野で行政区全体の統一感は希薄であり，それぞれの地域，地区が偏在，孤立的していた）
- 観光分野の人材が殆ど存在せず，計画策定において臨時に組織化されたカウンターパートへの技術移転を果たすこと

とはいえ，海南行政区では全島の行政単位の間で殆ど情報共有がなく，意思疎通ができていないことや観光行政事務の経験が殆どないこと，基本用語の理解にも乏しいことなど，すべてが一からのスタートという状況であった。また，行政組織と共産党政治組織の並立状態が計画作業の効率性を損なっていた側面もある。

2.3　観光計画の内容

最終報告書の目次は表3-2(1)の通りである。以下に，項目ごとの概要を示す。

（1）海南島観光の現状と開発ニーズ

1）観光実績

1985年，海南島への観光客数はわずか3.2万人。その殆どは在外華僑の里帰りで，これらの旅客を取り扱う機関である中国旅行社は一般の外国人観光客の受

表3-2⑴　第5巻・海南島観光開発計画最終報告書目次

```
1 計画の手順
2 現状と開発へのニーズ
  2.1 観光実績
  2.2 宿泊施設
  2.3 観光事業の機構
  2.4 第7次五カ年計画と開発計画の動向
3 開発ポテンシャルの評価
  3.1 資源の分類と抽出
  3.2 資源の評価
4 開発戦略の策定
  4.1 空間開発戦略
  4.2 開発フレームの検討
    4.2.1 開発フレーム設定の基本的考え方
    4.2.2 誘客目標の設定
    4.2.3 大陸周遊日本人客
    4.2.4 海浜リゾート滞在客
    4.2.5 開発フレーム
5 開発計画を構成する諸事業
  5.1 開発プロジェクトの形成と選定
    5.1.1 開発プロジェクトの形成
    5.1.2 開発プロジェクトの選定
  5.2 ホテル整備方針
    5.2.1 ホテル整備地区の検討
    5.2.2 ホテル整備計画量
    5.2.3 ホテル整備地区と計画室数
  5.3 開発プロジェクトの内容
    5.3.1 分類と配置
    5.3.2 概算投資額と経済効果
  5.4 短期開発事業計画
    5.4.1 牙龍湾プロジェクト
    5.4.2 その他のプロジェクト
6 計画実現に必要な措置
  6.1 人材育成プログラム
  6.2 開発推進組織，制度の整備
  6.3 次段階における作業の提案
```

け入れを行う国際旅行社とは別組織であった。国際旅行社はわが国でいえばJNTO
（国際観光振興機構）のような組織であるが，組織実態は殆どない状態であった。

2）宿泊施設

　一方では，華僑の里帰りに触発された一般の海外観光客の来訪が意識されはじ
めたが，1984年時点で空調付きホテル客室はわずか415にとどまっていた。島内
各地の行政機関への調査によって2年後に2,500室にまで拡充するという情報が

得られたが，多くは半官半民の資本であったり軍の投資であったりで，情報の熟度，信憑性を明確にすることは困難を極めた。

3）観光行政機構

　行政機構の末端には島内各県に人民政府（自治体）があり，その下に郷・鎮など日本の町村に相当する機構があるが，その中で観光関係の部署は皆無である。

　海南中央政府（海南行政府）では旅行遊覧事業管理局が島内の観光政策を統括する。現地における観光計画の立案に際してはこのセクションとすりあわせするが，一方通行となるケースが多い。一方，中央政府内には僑務弁公室という機構があり，華僑の里帰りのサービスを行うが，国際観光という観念は殆どない。観光をとりまく業務の主導権争いが背景に存在する。

　上述のように各県人民政府には観光関係の部署はないが，それぞれの県には「定安県旅遊公司」（例）というような名称の民間企業が連なる。いわば旅行会社であるが，当時の中国における民間企業はほぼ「官制企業」といってよい。

　中央政府の旅行遊覧事業管理局や僑務弁公室にも企業が連なるが，国際旅行社や中国旅行社がこれに相当する。

　さらに複雑なのが少数民族による自治州の存在で，ここの観光行政も漢民族自治政府と同様な機構を有している。海南行政府においても少数民族政策の重要性は情報収集の過程で大いに感じられた。

4）五カ年計画及び地域開発動向

　当時，上位計画として策定されていたのは中国政府の第7次五カ年計画であり，観光部門では全国で外国人300万人（華僑を含まず純粋の外国人）とされ，外貨収入を27〜30億ドルとする，というものであった。しかし，国家旅遊局では海南島の役割を詳細に決定しておらず，暫定的に1990年時点で国際観光客30万人，国内観光客70万人，総投資額8億元としていた。全中国に対するシェアをみても期待の大きさがわかるが，これは多分に趙紫陽主席の「海南島は中国のハワイになる」というスローガンに影響を受けたものといえる。また，中国全土の観光地に比較して唯一「海浜リゾート立地」の可能性を窺わせる海南島ならではの計画内容であった。

（2）開発ポテンシャルの評価

1）資源の分類と抽出

　リゾート候補地として評価の高い南部三亜市を始め，島内には様々な観光資源があるが，当時はそれをどう評価し，どう活用するかといったノウハウが欠如していた。観光資源のリストはなく，すべて現地調査で現認することから開始したが，広大な地域でもあることから約3週間を要した。評価は担当者ひとりで行わざるを得ず，主観が介入することは防げなかった。やむを得ず，すべて日本の観光資源との比較を評価基準として行った。

　現地調査の結果，自然資源81，人文資源37，温泉5をリストアップした。すべて自治体からの申請ベースであったため漏れているものはありうる。人文資源のウエイトの低さは辺境の地であるがためにストックが限られていること，文化大革命で多くの社寺などが破壊されてしまったことなどが影響している。

2）資源の評価

　計画策定のために資源の評価は不可欠であるが，日本の評価基準を単純にあてはめることには疑問点も多い。客観的データに基づく絶対評価ならまだしも，ある程度相対性も考慮する必要があるし，誘致圏という概念も国の規模が違えばかなり異なってくる。ましてや国内観光よりも国際観光の方が現実的という環境条件であれば評価は逆転する可能性もある。

　とはいえ，極力データを収集し，客観的に順位付けを試みた結果，特Aクラスと見て良い観光資源を5件選択した。

（3）開発戦略の策定

1）空間開発戦略

　空間開発戦略の策定は鈴木忠義教授による観光行動圏設定技法を用いた。

　10kmメッシュのベースマップ上で最重要観光資源を拠点とした一日観光行動圏の抽出作業を行い，2個所の一日重点観光行動圏，5個所の一日観光行動圏を策定した。交通計画とのすりあわせを綿密に行えればさらに多様な観光圏域の設定が可能になったと思われるが，大型チームの弊害故，かなわなかった。

2）開発フレーム

一方，開発フレーム策定の前提として必要な需要予測であるが，①香港マカオ住民，②来香港欧米観光客，③大陸周遊日本人観光客，④海浜リゾート滞在客という異なったターゲット毎に異なる手法で予測作業を行った。しかし，海南島は海外からの観光入り込み実績はないに等しく，海外の成長事例などから予測モデルを構築せざるを得なかった。ただ，計画経済の国情のせいか，予測よりも計画目標の設定という考え方に比重を置く傾向が強く，海南行政府や国土局では緻密な予測モデルに固執することはなかった。

（4）開発プロジェクト

1）プロジェクトのロングリスト，ショートリスト

技術協力によって途上国の開発計画を策定する場合，フレームや戦略の構築以上に重要な目的はプロジェクト・ファインディング（事業の発見），あるいはプロジェクト・フォーメーション（事業の創出）などである。有望なプロジェクトを見つけ出すことによって，技術協力から経済協力（円借款など）に結びつけていくことが主たる目的だからである。

本計画では，まず44のロングリストを整理し，その中から25のショートリストに絞り込み，提案を行った。ロングリストはラフなピックアップによるもので，それを①交通部門の提案プロジェクトとの整合性，②都市化への対応，③開発政策との整合性など，計画全体の優先項目とのすりあわせによって，優先順位を定めたのがショートリストである。

2）宿泊拠点整備計画

海南行政府にとって喫緊の課題は各地区の必要宿泊施設量配分である。これは現実的な観光商品の想定によるルート設定，宿泊需要の配分など手作業によって行った。この場合も観光の実績が殆どない海南島では多様な観光オルタナティブが想定できないため，観光ルート設定が逆に容易であったということは否定できない。

3）開発プロジェクトの内容と投資規模

本計画のような地域総合開発計画の場合，プロジェクトごとに投資額の算出を行うのは精度の観点からは整合しない。しかしながら，前述のように借款や無償協力

表3-2(2) **プロジェクト・ショートリスト**

圏域	観光開発事業
1 五指山重点観光行動圏	① 千龍洞観光区整備 ② 五指山山麓観光区整備 ③ 通什民族芸能中心建設
2 三亜重点観光行動圏	① 牙龍湾保養基地整備 ② 観光学院建設 ③ 大東海観光区拡充整備 ④ 三亜湾保養基地整備 ⑤ 三亜市観光中心建設 ⑥ 鹿回頭空中索道・展望餐庁建設 ⑦ 落芒洞観光区整備 ⑧ 三亜湾海浜公園整備
3 海口観光行動圏	① 海口ゴルフ場建設 ② 海口市観光中心建設
4 文昌観光行動圏	① 東郊椰子林保養基地整備
5 東山嶺観光行動圏	① 白石嶺観光区整備 ② 東山嶺賓館拡充 ③ 大洲島観光基地整備 ④ 石州青雲塔環境整備
6 陵水観光行動圏	① 南湾猴島観光区整備
7 中和観光行動圏	
8 石山観光行動圏	
9 万泉河単独観光地	① 万泉河遊楽園整備 ② 璟海温泉観光区整備
10 興隆温泉単独観光地	① 興隆温泉拡充
11 保亭単独観光地	① 七指嶺観光区整備
12 百花嶺単独観光地	① 百花嶺瀑布観光区整備
13 養鹿場単独観光地	① 養鹿場観光区整備
14 尖鋒嶺単独観光地	

につなげるためにはある程度金額を含めたプロジェクト内容を提示しなければならない。このあたりは国内で実施する観光計画とは大きな違いである。

この作業は困難を極めた。中国版の積算単価の把握は極めて困難で多くの類似事例によって、工賃や材料費データの収集に努めた。

4）短期開発事業の具体化

南部三亜市の牙龍湾海浜リゾートというプロジェクトでは1：2500程度の計画図面も策定したが、これは、どちらかといえば空間の原単位、利用の原単位、回転率、同時滞在率など、空間計画策定時に必要な諸元を理解してもらうための作業であった。

（5）計画実現に必要な措置

1）人材育成

観光開発を支える人材については、まず必要量（換言すれば雇用効果）を推計した。これは直接部門、間接部門ごと室数当たりのパラメータを用いた。数値はインドネシア、バリ島ヌサドゥアでの実績値を用いた。育成のための教育訓練はOJTや専修学校の設置による接遇、造園、機械、語学、調理などのスキル形成、高等教育機関での観光専修科設置によって経営やマーケティングなどを学修することとした。

2）開発推進組織

観光実績の乏しい海南島では観光行政組織も未整備であるため，多くの課題がある。これまで国際観光とはいいつつ，在外華僑の里帰り事業の対応が中心の組織であること，政府と党の二重構造が末端まで行き渡っていること，少なからぬ少数民族の自治区が混在していること，などが挙げられた。この課題については具体的なプロジェクトの実現に即してどのような体制で進めるのか，という観点での提案を行った。最重要のプロジェクトとして位置づけた牙龍湾のリゾート開発を例に，ヌサドゥアやメキシコのカンクンなどにおいて開発事業に取り組んだマスター・ディベロッパーの組織化を本計画でも採用し，段階別の責務を整理して提案した。

3）今後の取り組み

本計画策定の後にはここの事業についいて詳細な実施計画やF/Sが行われることになる。技術協力として策定された計画であるため，主としてインフラ整備に公的資金が投入されることが予想されるが，観光分野の場合，多くは民間投資でことが進められることになる。この頃，中国では党や軍による投資も活発であったが，国際水準の観光地形成（立地上もそうならざるを得ない）のためには外資の参入も予想される。そのための法整備については観光開発の範疇を超えるため，本計画では触れることが出来なかったが，重要な課題といえる。

2.4　観光計画の実施

計画策定期間の後半，広東省から独立した海南島は省に昇格，計画の遂行は海南省行政当局に引き継がれて，日本側の使命は終えた。

島は南シナ海に面した要衝のため，軍港整備が進む。総合計画で提案された諸プロジェクトの中では「観光部門」が最も強化，推進された。

本計画で最大の拠点として位置づけた牙龍湾は当時，砂浜が一面に広がるだけの原野であったが，現在ヒルトン，シェラトン，マリオット，ザ・リッツ・カールトンなど外資系の高級ホテルが立ち並ぶ，中国有数のビーチリゾートとなっている。本計画では当面香港マカオの在外華僑のリゾート利用からスタートする，というシナ

リオではあったが，予想外の発展速度は中国ならではである。

　残念ながら，国情の違いもあって観光事業の推進体制にまで切り込むことはできなかったが，ビジネスセクターとしての有用性が総合計画の中では突出していたため，投資の優先順位も高かったのであろうと推察される。

2.5　観光計画の評価

　本計画は一つの省全体の発展計画であり，観光計画は，あらゆる地域開発の分野を網羅した総合計画の一部である。観光計画と密接にかかわる都市計画，運輸交通計画などとのすりあわせなどは国内の観光計画の局面では見られない。現実に海南島の経済発展をもっとも強く牽引してきたのが観光であり，その意味では重要な役割を果たした。

2.6　総括

（1）複雑な体制のもとでの調整・合意形成

　本計画の策定は，複雑な体制のもとで進められた。まず，発注者が日本政府，作業担当がJVの形をとり，計画の受益者も複雑であった。日本政府は外務省所管の国際協力事業団が発注するが，計画内容の指導，評価は作業監理委員会が行う。このメンバーは学識経験者や計画分野に関係する省庁の担当官（海南島の場合は運輸省や通産省）で構成される。最終的にはこの委員会を通過しないと計画として認められない。計画の受益者は中国であるが，こちらも中央政府，広東省，海南行政区という三者が個別に対応する。ニーズや提示条件も大きく異なるケースがある。特に海南行政区が省に昇格してからは広東省の関わりに変化が生じた。計画作業は殆ど現地で行い，海南行政区の委員会とは最も密にコミュニケーションを取る。計画内容の説明や合意を得るための会議が各レベルで頻繁に行われるため，コーディネーターの負担は極めて大きい。

　作業担当（JV）は公益法人と民間コンサルタントで結成されたが，それぞれ各

分野のすべての専門家をかかえているわけではないため，必要に応じて専門分野の人材を調達した。特に観光部門では人材不足が指摘されていた。こうしたチームで作業することは，様々な分野の専門家との議論による知識や技術の授受など得るものが極めて多い。

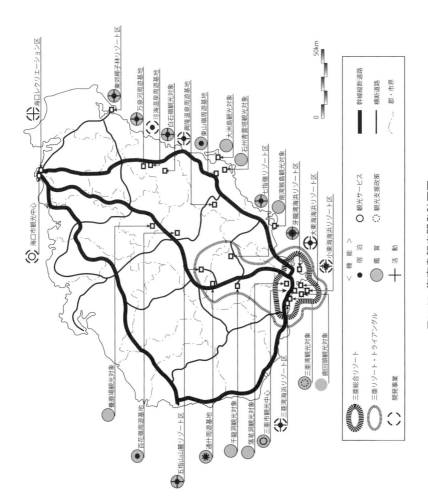

図3-2(1) 海南島観光開発計画図
出典：日本国際協力事業団(1988)「中華人民共和国海南島総合開発計画調査報告書」。

（2）日本との違い

　外国での計画作業を通じて，常識や思想の落差，発想のしくみや審美眼の違いなどに驚かされることが多い。それは，観光資源のみかたなどに如実に表れる。例えば「滝」などは華厳滝，那智滝など，わが国では一定の距離を置いて緑や山や湖などの要素を加えた「絵のような」美しさを愛でる。しかし，中国の人たちは興味を覚えると究極まで近づく。滝の裏側にまで遊歩道や海岸をしつらえなければ気持ちが収まらない。わが国では巨岩は自然資源であるが，中国人は赤い塗料で高名な詩人の一節を岩に刻み込むことが多く，人文資源に様代わりする。どちらが正しいか，ということではないが，顧客を想定した計画づくりにおいては重要な問題でもある。

（3）プランナーとしての課題

　これまで全く観光に対して意識も知識もなかった地域であり，時間的制約もあったため実現しなかったが，もっと多くの計画手法を伝えるべきであった。カウンターパートは海南行政区であり，計画は全島レベルの扱いに終始した。現実には郷・鎮レベルの観光地区計画，観光事業運営，観光行政，などをアドバイスする機会が欠けていた。

　計画のフィールドが外国であるということから，フォローアップが困難であった。

参考文献・資料：

鈴木忠義，社団法人日本観光協会（1968 年）：「東北地域観光開発計画」.
日本国国際協力事業団（1986）：「海南島総合開発計画調査・第一次現地調査報告書」.
日本国国際協力事業団（1987）：「海南島総合開発計画調査・第二次現地調査報告書」.
日本国国際協力事業団（1987）：「海南島総合開発計画調査・中間報告書」.
日本国国際協力事業団（1987）：「海南島総合開発計画調査・第三次現地調査報告書」.
日本国国際協力事業団（1988）：「中華人民共和国海南島総合開発計画調査報告書（最
　　終報告書）」.

◆索　引◆

あ行

アースデザイン　142
青森県観光審議会　165, 168, 169
青森県観光総合評価調査　165-170, 176
青森県文化観光立県宣言　165
アクションプラン　47, 48, 52, 58, 116, 122,
　125-127, 129-132
アクションプログラム　12, 64
意識改革　109
一日観光行動圏　182
駅勢圏　54, 62
エコツアー　123, 124
エコツーリズム　8, 11, 13, 15, 46, 47, 50,
　116-133
エコツーリズムカレッジ　126-128, 131
エコツーリズム推進基本計画　116, 117, 120,
　124, 132
エコツーリズム推進モデル事業　116, 117,
　119-122, 127-132
エコツーリズム入門国立公園　124-126, 131,
　133
エコミュージアム　56
F/S　185
宴会宿泊需要　35
OJT　184
お宝探し　8
温度差　112

か行

外貨獲得　178
外国人観光客の誘致　40, 41
ガイドプラン　136

外部資本化　35
カウンターパート　179
華僑　180
賢い利用　95, 96
環境保護対策　148
観光カリスマ　47, 104
観光事業者　149
観光資源評価　48
観光振興計画　19
観光対象化　8
観光地域づくりプラットフォーム　61, 62
観光地経営　64
観光地の経済波及効果推計マニュアル　81,
　88
観光への依存度　100
観光ポテンシャル　7
観光まちづくり　62
観光ルート　48
技術移転　179
基盤整備　149
基本フレーム　156
教育旅行　47
行政主導　160
共通認識　152
漁観連携計画　72
漁業と観光の連携　72
空間イメージ　137
グリーン・ツーリズム　46, 47, 50
グリーンワーカー事業　127
計画策定期間　38, 42
景観整備　40, 42, 43
景観デザイン　134, 137, 142
景観道路　41

景観ポテンシャル　136, 138, 140
経済技術協力　177
KPI　76
コア・グループ　150
合意形成　136
効果　159
構造改革　108
公平・平等　91, 101
交流型まちづくり　24
コーディネーター　7, 12-15, 186
コーディネート組織　12, 14, 15
五カ年計画　181
国際会議観光都市　79
国際協力機構　177
国際特別都市建設法　79
国土利用計画　19
国立公園　116-120, 124-126, 129, 131-133
国立公園集団施設地区　148
個人旅行　104
国家旅遊局　181
コンセプト　7, 10, 11, 17

さ行

再生型計画　33
サイトプラン　134, 139, 140
作業監理委員会　178
山岳高原型の温泉リゾート　33, 40
賛否両論　157
JNTO　180
式年遷宮　65
市場志向の合意　94
市場評価　91, 100
自然公園法　118
自治州　181
住民参加　103, 105, 106
需要予測　49
ショートリスト　183
シルバー観光ガイド制度　80
事例調査　54, 58

森林セラピー　51
スキーリゾート開発　46, 47, 60
ステークホルダー　8
スピリット　92, 95
スペクテイターシップ　140
全体最適　91
戦略的互恵関係　90, 92
総合計画　19
総合保養地域整備法　20
ゾーニング　48, 138

た行

体験型観光　5, 6, 10, 12, 15
体験型旅行商品　10, 11
体験プログラム　10, 15, 16, 50-52
滞在型　46
タウンサイト　40
タスクフォース　58
団体歓楽型温泉観光客　33, 46
団体旅行　104
地区活性化　153
地区の再整備　156
着地型観光　12
着地型旅行　46, 61
中山間地農業　33
通過型　46, 54
通過型の観光　6
集いの故郷　31
適正な観光利用　148
デベロッパー　46
伝統美観保存条例　79, 80
独自財源　112
鳥羽市観光振興基金条例　68
トレッキングコース　123, 124, 132

な行

入湯税　64, 68, 75

は行

パーク・アンド・ライド　80
パブリックアクセス　135, 138-140
磐梯朝日国立公園　116, 117
PDCA　71, 76
PDCA サイクル　18
日帰り型　46, 54
ビューポイントの環境整備　41
部分最適　91
ブランド化　60, 61
プランナー　5, 7, 8, 13, 18
プロモーション計画　56, 61, 146
文化観光　165, 167, 169-175
ボトムアップ　23
保養休養志向　35

ま行

マスタープラン　6
まちづくり協議会　106
松江市都市景観条例　80
マネジメント　92
まりも倶楽部　106
水辺のアメニティ　142
メンテナンス・フリー　140, 145
モニターツアー　54, 60
モニタリングシステム　127

ら行

リゾート　20, 29
利用動線計画　140
連絡・調整　154
ロングリスト　183

わ行

ワーキンググループ　54, 135, 136, 150
ワイズユース　95, 96
ワンストップ　61

編著者略歴

野倉　淳（のくら・あつし）

1956年岐阜県生まれ。1982年東京工業大学大学院理工学研究科社会工学専攻修了（工学修士）。1993年株式会社野倉計画事務所設立，国及び自治体の地域振興・観光振興に係る調査・計画業務に携わり，現在に至る。横浜商科大学兼任講師。

日本観光研究学会　事務局

〒171-0021 東京都豊島区西池袋4-16-19　コンフォルト池袋106

Tel. 03-6709-2906　Fax. 03-6709-2907

観光学全集　第8巻

観光計画論2──事例に学ぶ

●

2019年6月17日　第1刷

編著者…………野倉　淳

発行者…………成瀬雅人

発行所…………株式会社原書房

〒160-0022 東京都新宿区新宿1-25-13

電話・代表 03 (3354) 0685

http://www.harashobo.co.jp

振替・00150-6-151594

装幀…………有限会社ロクオ企画

印刷・製本…………株式会社ルナテック

©Atsushi Nokura 2019

ISBN978-4-562-09213-0, Printed in Japan